La confidente
du tsar

Retrouvez toute l'actualité de Sophie de Mullenheim sur son blog :
http://sophiedemullenheim.blogspot.fr

MAME

Direction : Guillaume Arnaud
Direction éditoriale : Sarah Malherbe, Sophie Cluzel
Édition : Astrid de Moussac

Conception graphique : Élisabeth Hebert
Illustration de couverture : Maëlle C.

Mise en pages : Text'oh !
Fabrication : Thierry Dubus, Anne Floutier

Site : www.mameeditions.com
ISBN : 978-2-7289-1539-2 – MDS : 535 159

Les Sœurs Espérance

La confidente du tsar

Sophie de Mullenheim

Mame

À mes sœurs, Charlotte et Camille

Prologue

La jeune femme effleura l'épaule du cocher.

– Arrêtez-moi là, s'il vous plaît.

Elle venait de reconnaître au bord du chemin le petit calvaire qu'elle allait souvent fleurir avec Charlotte et leur mère.

– Nous sommes encore loin, mademoiselle, rétorqua l'homme avec étonnement.

– Je sais, souffla Élisabeth, mais je préfère marcher un peu.

Le cocher tira sur ses rênes et arrêta sa voiture le long de la route.

– Êtes-vous sûre ? insista-t-il.

Élisabeth opina de la tête.

– Et vos bagages ?

– Je m'en charge. Ne vous inquiétez pas, ils ne sont pas lourds.

Élisabeth saisit le sac en cuir posé à côté d'elle sur la banquette, paya ce qu'elle devait à l'homme pour le voyage et descendit lestement du véhicule. Ses bagages étaient ridiculement minces au regard des nombreuses années passées loin de chez elle, mais elle avait préféré laisser la grande majorité de ses affaires là-bas, au Canada. Ses amis iroquois en auraient plus l'utilité qu'elle.

La jeune femme regarda la voiture à cheval faire demi-tour puis s'éloigner, avant de poursuivre sa route à pied. L'inquiétude lui vrillait l'estomac ; elle avait besoin de se dégourdir les jambes pour calmer son anxiété. Il y avait si longtemps qu'elle avait quitté l'Espérance. Le château familial serait-il toujours debout après toutes ces années de tourmente révolutionnaire ? Elle avait entendu tant de choses effrayantes alors qu'elle se trouvait à l'autre bout du monde. Et, surtout, sa sœur Charlotte serait-elle toujours en vie ?

Élisabeth marchait à tout petits pas sur la route comme pour retarder au maximum le moment où elle découvrirait ce qu'il était advenu de tout ce qu'elle aimait. La campagne autour d'elle était belle. Les champs cultivés voyaient poindre les premières pousses de blé en ce printemps de 1803. La France en avait terminé avec les horreurs de la Révolution. Un jeune général, Napoléon Bonaparte, était arrivé au pouvoir et l'heure était à la reconstruction et à la renaissance. Même la nature semblait participer de cette ère nouvelle qui s'annonçait.

Le paysage si serein acheva d'apaiser le cœur inquiet d'Élisabeth. Alors, la jeune femme ne put plus attendre, elle allongea le pas. Lorsqu'elle aperçut les premiers arbres de l'allée du château de l'Espérance, elle se mit même à courir. Son sac en cuir battait sur le haut de sa cuisse, la ralentissant malgré elle. Soudain, n'y tenant plus, Élisabeth jeta son bagage dans le fossé au bord du chemin. Elle retroussa ses jupes comme elle l'avait fait tant de fois pour jouer avec les petits Iroquois auxquels elle faisait la classe et elle avala les quelques mètres qui la séparaient encore de l'allée.

Elle s'arrêta net.

Le château était toujours là, fier et majestueux, au bout de la longue haie d'arbres. Quelques fenêtres étaient grandes ouvertes pour aérer les pièces. De longs rideaux de voile blanc immaculé voletaient dans l'air frais du printemps. Le cœur d'Élisabeth bondit dans sa poitrine.

« Le château est habité ! » pensa-t-elle.

La jeune femme courut de plus belle. Son chapeau s'envola et vint flotter dans son dos. Ses souliers de cuir fin firent crisser les graviers.

À quelques mètres de là, accroupie dans le potager attenant au château, Charlotte releva la tête et tendit l'oreille. Quelqu'un accourait. Pourvu qu'aucune de ses pensionnaires ne se soit blessée... La jeune femme avait ouvert un orphelinat dans l'ancien château de famille, il y avait un peu plus d'un an maintenant, et elle ne cessait de s'inquiéter pour ses petites protégées comme une mère le ferait avec ses propres enfants. Charlotte posa son outil à terre et se redressa avec inquiétude. C'est alors qu'elle vit la jeune femme qui courait en direction du château. Ses longs cheveux bruns volaient derrière elle, dégageant parfaitement son visage. Charlotte sursauta. Ce nez fin, ce menton volontaire, cette silhouette élancée... Se pouvait-il que... Elle porta la main à son cœur.

– Élisa...

Son cri s'étrangla dans sa gorge. Elle se précipita aux devants de la nouvelle venue. Comme elle courait, ses yeux s'emplirent de larmes et sa vue se brouilla. Elle ne voyait plus qu'une silhouette floue qui s'immobilisa en la découvrant à son tour.

– Charlotte ! hurla Élisabeth.

– Élisabeth ! lança Charlotte en franchissant les derniers mètres qui la séparaient de sa sœur.

Les deux sœurs Espérance s'écroulèrent dans les bras l'une de l'autre. Charlotte enfouit son visage dans les cheveux d'Élisabeth et les respira jusqu'à l'ivresse. Elles restèrent ainsi de longues minutes sans trouver rien d'autre à se dire que leurs prénoms tant de fois répétés dans leurs prières durant toutes ces années. Lorsque Charlotte s'écarta enfin, elle observa sa jeune sœur en silence. Élisabeth n'avait pas changé. Certes les années loin de chez elle lui avaient un peu creusé le visage, pour l'affiner et le rendre plus féminin encore. Sa peau était plus brune aussi, sans doute à cause des semaines passées en mer pour rejoindre la France. Mais ses yeux gris étaient toujours aussi vifs et profonds. Son sourire était franc et joyeux. Charlotte retrouvait la compagne drôle et spontanée de son enfance. Elle tendit la main et effleura les cheveux de sa sœur. Puis elle lui toucha la joue, le cou, l'épaule, le bras. Elle avait besoin de ce contact. Elle voulait être sûre qu'elle ne rêvait pas.

– Où étiez-vous donc ? lui demanda-t-elle tandis que sa voix se brisait de nouveau. Je vous ai écrit des dizaines de fois en Angleterre mais je n'avais aucune nouvelle. Où étiez-vous ?

– Au Canada, répondit simplement Élisabeth.

Les yeux de Charlotte s'agrandirent sous l'effet de la surprise.

– Je vous ai fait parvenir une lettre pourtant, ajouta sa sœur. Paulin, l'un de mes amis, devait venir vous trouver pour vous rassurer à mon sujet. Il était si difficile de communiquer depuis l'endroit où je vivais !

Charlotte secoua la tête.

– Je ne l'ai jamais reçue. Je n'ai pas vu non plus votre ami. Je vous ai crue morte.

Élisabeth ne répondit pas. Elle aussi avait craint le pire pour sa sœur. Lorsqu'elle l'avait laissée derrière elle, en France, le pays était plongé en plein chaos révolutionnaire. Les hommes s'entre-déchiraient, se dénonçaient et s'envoyaient à la guillotine pour un oui ou pour un non. Mille et une fois, Élisabeth avait imaginé que sa sœur n'en avait pas réchappé.

– Racontez-moi, supplia-t-elle. Racontez-moi tout.

Alors, entre rires et larmes de joie, les deux sœurs Espérance commencèrent à évoquer ces onze longues années de séparation.

I

Aux environs de Saint-Pétersbourg, avril 1890

Dimitri pousse la porte du grenier et s'aventure sous les poutres poussiéreuses. Sa mère l'a envoyé là-haut pour y trouver une malle de voyage.

– Ma chère mère, je ne pars que dans cinq jours, avait pourtant rétorqué le jeune homme quelques minutes plus tôt. Rien ne sert de se presser.

La ravissante Milana Rochenkovski avait balayé l'air de la main avec tristesse.

– Laissez-moi me charger de vos bagages, avait-elle soupiré. Cela me distraira.

Son fils unique quittait la maison familiale pour de longs mois et la pauvre femme ne pouvait s'y résoudre.

– Maman ! l'avait gentiment gourmandée Dimitri.

Il ne supportait pas de voir sa mère ainsi abattue. Elle était d'un tempérament si enjoué d'ordinaire.

– Pardonnez-moi, Dima, avait-elle murmuré tendrement. Je n'aime pas vous savoir loin de moi.

– Mais la France n'est pas si éloignée. Et ce n'est pas non plus un pays de sauvages !

Milana avait souri en regardant son fils. Il avait raison, la France n'était pas à l'autre bout du monde. Elle-même s'y était rendue plusieurs fois avec son époux, Vassili Rochenkovski. Il avait une aïeule française et il entretenait cette particularité avec une sorte de dévotion. La France était l'une de ses destinations favorites. À la maison, il mettait un point d'honneur à parler le français plutôt que le russe. Sa femme Milana s'était pliée sans effort à cette exigence. Elle aimait cette langue que lui avaient enseignée ses parents dès son plus jeune âge. Elle la trouvait belle et poétique. Les parents de Dimitri avaient donc un attachement tout particulier pour la France et il n'était pas très étonnant que leur fils ait envie de la découvrir à son tour. Cela cependant n'enlevait rien à la peine de madame Rochenkovski de le voir partir.

Le grenier est encombré de vieux meubles couverts de draps. Le long des murs, d'immenses étagères croulent sous les bibelots devenus hors d'âge. Des dizaines de livres se serrent sur des tablettes qui plient sous leur poids. Dimitri repère un amoncellement de malles aux ferrures de cuivre. Elles s'empilent jusqu'à la charpente. Le jeune homme attrape la première, vacille légèrement sous son poids et la pose à terre. Celle-ci est remplie d'étoffes et de linge brodé aux initiales A et E. La vider entièrement risquerait d'endommager les beaux tissus qui n'ont pas été exposés à l'air libre depuis plusieurs années. Dans la deuxième et la troisième malle, un service de porcelaine complet est soigneusement emmailloté dans de longues bandes de tissu. Dimitri renonce également à le changer de place de peur de casser quelque chose. Certes ses parents ne touchent jamais à tous ces trésors, mais le jeune homme sait qu'ils y tiennent énormément. Cela leur vient des grands-parents de son père. La quatrième malle s'avère trop petite. Des dizaines de paires de chaussures y sont rangées. La cinquième, enfin, semble moins lourde que les autres. Dimitri la tire au milieu du grenier et actionne les deux serrures. Le mécanisme résiste quelques secondes puis se débloque dans un claquement sec.

– J'ai trouvé ! se félicite-t-il.

La malle ne contient en effet que quelques breloques, un châle de laine beige et un ouvrage en cuir relié entouré d'un ruban bleu dont la couleur a passé avec le temps.

Le jeune homme attrape les deux poignées de cuir sur les côtés de la malle et la soulève avec facilité. En prenant garde à ne pas trébucher, il sort du grenier, referme derrière lui et descend le bagage dans la vaste pièce qui lui sert de chambre.

– Voilà maman, annonce-t-il. Je pense que cette malle fera l'affaire.

Il l'ouvre sous les yeux de madame Rochenkovski, qui tousse discrètement à cause de la poussière.

– Il suffira de la nettoyer un peu, s'excuse Dimitri, et de la vider.

Sa mère se penche alors sur le contenu de la malle et attrape une petite miniature ronde qui représente une jeune fille aux cheveux blonds et légèrement bouclés, avec de grands yeux couleur noisette. Son visage est souriant, son regard clair et son nez droit et fin lui donnent un petit air fier tout à fait charmant.

– Ce sont les affaires de votre arrière-grand-mère, déclare Milana Rochenkovski sans hésiter. Votre père les garde précieusement.

Dimitri détaille le portrait.

– C'est elle ?

– Non, répond sa mère. Je crois qu'il s'agit de sa sœur restée en France. Elle s'appelait Charlotte.

La femme se penche de nouveau vers la malle et en extrait l'ouvrage enrubanné.

– Et ceci doit être ses mémoires. Je les ai feuilletés autrefois.

– Les mémoires de mon arrière-grand-mère ? interroge Dimitri.

Sa mère hoche la tête tout en dénouant le ruban. Elle ouvre le livre à la première page et lit à haute voix :

– Ce livre appartient à Élisabeth d'Espérance, née le 5 juin 1775 au château de l'Espérance près de La Rochelle, France.

Elle laisse filer entre ses doigts les pages de l'ouvrage. Elles sont toutes recouvertes d'une écriture petite et nerveuse.

– Oui, ce sont bien ses mémoires, déclare-t-elle en refermant le livre et en le posant sur le lit de son fils.

– Me permettez-vous de les garder ? demande-t-il alors. Cela m'aidera à passer le temps durant le voyage.

Sa mère hausse les épaules. Après tout pourquoi pas ?

II

Dans un train, non loin de La Rochelle, avril 1890

– Pensez-vous que nous allons voir la mer ?

Émilie presse son visage contre la vitre du compartiment. Elle scrute le paysage avec une attention extrême dans l'espoir d'apercevoir l'océan Atlantique. De toute sa vie, elle n'est jamais allée aussi loin. Émilie est née à Lyon, il y a de cela vingt ans à peine, et n'a jamais vécu autre part.

– Je l'ignore, avoue Constance qui partage l'excitation de sa meilleure amie.

Les deux jeunes filles ont quitté Lyon l'avant-veille pour un voyage de deux semaines. Elles vont rejoindre pour une retraite de plusieurs jours sœur Marie-Agnès, religieuse chez les Filles de la Charité à l'orphelinat de l'Espérance. Quatre mois avant son mariage avec Théophile, Émilie Décochet a besoin de prendre quelques jours hors du monde pour bien se préparer. Lorsque sœur Marie-Agnès lui a proposé de l'accueillir, elle a aussitôt accepté et invité Constance à être du voyage. Cette dernière n'a pas été longue à se décider. Elle était enchantée de revoir leur amie religieuse et de découvrir enfin le château de l'Espérance. Elle espérait aussi secrètement que ces quelques jours de prière et de réflexion lui permettraient d'y voir plus clair. Depuis plusieurs semaines en effet, Constance s'interroge sur sa vocation sans parvenir à prendre une décision. Un jour, elle rêve de fonder une famille. Le lendemain, elle se sent prête à offrir sa vie au Seigneur. Son cœur est tiraillé. La jeune fille envie Émilie qui se prépare au mariage avec sérénité ou sœur Marie-Agnès si épanouie dans sa vie religieuse.

Soudain, la campagne défile un peu moins vite derrière la fenêtre. Des bruits stridents déchirent l'air. Le train commence à freiner. Dehors, les champs laissent la place à des maisons de briques et de pierres. Puis le convoi pénètre sous une immense verrière ouverte sur le ciel et s'arrête tout à fait.

– La Rochelle, enfin, soupire Émilie.

Le trajet a été long. Depuis deux jours, les jeunes filles ont passé beaucoup de temps dans les trains et les gares. Il leur tarde de respirer le grand air et de faire un peu d'exercice. Émilie et Constance sont les deux premières à sortir du train. Elles n'ont même pas pris la peine de nouer un chapeau sur leur tête afin de se protéger du soleil, au grand dam de leurs fidèles accompagnatrices. Eugénie et Ernestine, leurs deux gouvernantes, ont pour mission de chaperonner ces demoiselles alors qu'elles sont loin de chez elles. Théophile, le frère de Constance, a redoublé de recommandations auprès d'Ernestine avant le départ.

– Veillez bien sur Émilie aussi, lui avait-il dit. Je ne veux pas qu'il lui arrive du mal ou qu'elle s'entiche d'un autre jeune homme que moi.

Ernestine avait rougi de l'audace de son jeune maître.

– Monsieur Théophile ! Vous savez bien que mademoiselle Émilie n'aime que vous. Il suffit de voir la façon dont elle vous regarde.

Théophile avait feint de ne pas prendre garde aux propos de la domestique mais, en réalité, il aimait s'entendre dire que sa fiancée était folle amoureuse de lui. Il allait épouser la jeune fille d'ici quatre mois et il n'en revenait toujours pas d'avoir trouvé une aussi douce compagne pour le restant de ses jours.

Sur le quai, une silhouette attire immédiatement l'attention des deux amies. Avec sa cornette blanche parfaitement amidonnée et son long habit noir, sœur Marie-Agnès passe difficilement inaperçue. Émilie et Constance se précipitent au-devant d'elle.

– Sœur Marie-Agnès !

La religieuse se retourne et aperçoit les deux jeunes filles. Son beau visage constellé de taches de rousseur s'éclaire tout à coup.

– Émilie ! Constance !

Elle dévisage ses deux amies en souriant. Elle leur trouve un air changé. La première et dernière fois qu'elle les a rencontrées, c'était il y a trois ans. Depuis, elles entretiennent une correspondance soutenue mais elles n'avaient jamais eu l'occasion de se revoir.

– Émilie, l'amour vous va si bien, constate sœur Marie-Agnès.

Émilie est ravissante en effet. Elle a relevé ses cheveux bruns et les a attachés sur sa nuque afin de dégager son visage, dont les yeux marron presque noirs brillent intensément.

– Constance, quelle allure ! commente la religieuse.

Constance a hérité de l'extrême élégance de sa maman. Elle sait toujours choisir avec un goût exquis les robes et accessoires qui mettront le plus en valeur ses yeux bleus et son joli minois de blonde. Si elle raffole de la mode et de son univers, Constance n'en est pas pour autant une jeune fille frivole et sans intérêt. Elle fait preuve au contraire d'une profondeur rare pour une personne de son âge. Sans compter sa bonté immense, qui la porte à partager avec le plus pauvre tout ce qu'elle a. À Lyon, où elle œuvre avec la Société Saint-Vincent-de-Paul, il n'est pas rare de croiser une pauvre femme avec le col de dentelle ou les rubans de satin que Constance portait le jour où elle la visitait.

– Et vous ma sœur, vous êtes très en beauté ! la taquine Constance à son tour.

Sœur Marie-Agnès sourit avec coquetterie :

– L'amour me donne des ailes ! L'amour de notre Seigneur bien entendu, ajoute-t-elle en retrouvant son sérieux.

Émilie et Constance se regardent : leur amie n'a pas changé. Elle est toujours aussi enjouée et spontanée.

– J'espère que votre voyage ne vous a pas trop fatiguées, demande-t-elle inquiète.

Émilie et Constance secouent la tête.

– Tant mieux, s'exclame sœur Marie-Agnès en frappant dans ses mains, car je vous ai réservé une petite surprise !

Une petite flamme s'allume dans ses yeux.

– Un pèlerinage ! annonce-t-elle.

– Un pèlerinage ? répète Émilie, dépitée.

– Sur les traces des sœurs Espérance ! poursuit sœur Marie-Agnès avec entrain. Vous n'imaginiez tout de même pas que vous y échapperiez ! Il est indispensable que vous connaissiez les lieux avant votre retraite, non ? J'ai passé de longues heures à rechercher tous les sites où Charlotte et Élisabeth avaient pu aller. C'est si passionnant !

Émilie applaudit. Depuis qu'elle connaît les sœurs Espérance, sa vie n'est plus la même. Se lancer sur leurs traces dans la région qu'elles aimaient lui plaît beaucoup.

III

Gare de Saint-Pétersbourg, avril 1890

Assis dans la cabine privée qu'il a réservée dans le train Saint-Pétersbourg-Moscou, Dimitri laisse aller sa tête contre la banquette de velours rouge. Piotr, l'homme à tout faire qui l'accompagne, a tiré les rideaux pour permettre à son maître de se reposer. Il faut dire que ces derniers jours à Saint-Pétersbourg ont laissé peu de répit au jeune homme. Avant son départ, sa mère avait tenu à organiser plusieurs réceptions en son honneur. Elle n'en avait rien dit directement à son fils mais elle espérait que ce dernier ferait une aimable connaissance lors de ces soirées et qu'il en oublierait son voyage. Las ! Dimitri n'était tombé sous le charme d'aucune de ces demoiselles de bonnes familles russes. Et toute cette agitation avait eu l'effet contraire à celui escompté : Dimitri n'en avait été que plus pressé de partir. Il rêvait de découvrir la France avant de s'engager définitivement dans l'armée au service du tsar.

Le train siffle bruyamment. Sur le quai, les commis chargent les derniers bagages volumineux des passagers de première classe. Dans le couloir du wagon, Dimitri perçoit les allées et venues des hommes et des femmes au service de ceux qui voyagent comme lui.

Deux coups légers à la porte tirent Dimitri de sa rêverie.

– Mmm ! maugrée-t-il.

Piotr passe la tête par l'entrebâillement de la porte. Il est à peine plus âgé que Dimitri mais il est aussi brun que son jeune maître est blond.

– Avez-vous besoin de quelque chose Dimitri Vassilovitch ?

– Non merci, Piotr. Je pense que je vais commencer par dormir. Tu peux aller te reposer toi aussi.

Piotr hoche la tête.

– Je suis heureux que tu sois du voyage mon ami, ajoute Dimitri.

– Merci monsieur !

Dimitri sourit. Sa mère avait poussé des hauts cris quand il avait demandé à ce que Piotr l'accompagne. Milana Rochenkovski aurait préféré qu'il choisisse un compagnon de voyage plus âgé pour veiller sur lui, mais Dimitri voulait quelqu'un capable de le suivre en montagne, à la mer ou n'importe où où il aurait envie de se dépasser et de faire de l'exercice.

– Je reviendrai à l'heure du repas, dit Piotr en refermant doucement derrière lui.

Mais son jeune maître ne l'entend pas : il dort déjà.

Lorsque Dimitri ouvre les yeux après un long moment, il écarte le rideau du bout des doigts. Le train traverse la campagne qui s'étend à perte de vue. Le soleil est déjà très haut dans le ciel. Le jeune homme tire sa montre de gousset de sa veste et regarde l'heure. Deux heures et quart ! Il ne pensait pas avoir dormi si longtemps. Il lui semblait pourtant avoir vaguement entendu Piotr l'assurer qu'il le réveillerait pour le repas.

En réalité, le fidèle serviteur a bel et bien apporté le déjeuner de son maître dans la cabine mais il a préféré le laisser dormir. Un plateau avec un couvert dressé est posé sur la petite table qui occupe un coin de la cabine. Dimitri soulève une cloche argentée et découvre une ribambelle de zakouskis appétissants sur une assiette. Il y a là un peu de caviar, du hareng fumé, de la charcuterie fine ainsi que quelques concombres et légumes en salade.

Dimitri pioche avec appétit dans ces bouchées gourmandes puis se lève pour se servir un thé brûlant avec le samovar, une sorte de fontaine d'eau chaude en métal argenté placée sur un guéridon. Lorsqu'il revient s'asseoir, son regard accroche la petite valise d'appoint qu'il a emportée avec lui pour l'avoir sous la main plus facilement que la grosse malle préparée par sa mère. Il se souvient alors y avoir glissé le livre des mémoires de son arrière-grand-mère, Élisabeth d'Espérance. Dimitri est curieux de commencer à les lire. Ses parents lui ont maintes fois répété que ses bisaïeuls étaient des personnes extraordinaires. Dimitri ne les a pas connus, pas plus qu'il n'a connu son grand-père, leur fils Ivan Rochenkovski. Ce dernier avait été déporté en Sibérie à l'âge de quarante-cinq ans. Il y était mort vingt ans plus tard, quand Dimitri n'avait que six ans. Officier dans l'armée du tsar, Ivan Rochenkovski avait refusé d'obéir à un ordre de l'un de ses supérieurs. Ce dernier en avait pris ombrage et avait exigé sa déportation. Plus d'un soldat approuvait alors la décision du grand-père de Dimitri mais la hiérarchie était toute puissante et personne n'avait pu lui éviter le châtiment qui lui était réservé.

Dimitri attrape le gros livre glissé dans sa valise. Il ouvre le rideau pour faire entrer la lumière dans la cabine et s'installe confortablement pour lire.

Cholet, le 3 février 1804

Passerai-je ma vie à fuir ? Est-ce mon lot de vivre cachée ? Je l'ignore. Ce dont je suis certaine en revanche, c'est que je n'avais pas le choix. Je l'ai su dès que Charlotte est venue me trouver, il y a deux jours, le visage décomposé. Deux hommes à l'allure inquiétante s'étaient présentés au château. Ils parlaient avec un fort accent étranger et cherchaient une fillette très blonde, aux yeux verts. Je connais suffisamment bien ma sœur et je sais de quel sang-froid elle a fait preuve durant la Révolution en s'improvisant espionne chez les sans-culottes, pour savoir qu'elle ne leur a rien laissé paraître de son trouble. Il y avait pourtant de quoi être déstabilisée : cette fillette aux yeux verts est l'une de nos petites protégées. Elle s'appelle Maria. À l'instant même où je griffonne ces premiers mots dans ce recueil, elle est à côté de moi et dort paisiblement dans un lit.
Les hommes sont repartis bredouilles mais Jean, le gardien, a entendu dire qu'ils poursuivent leurs recherches dans la région. Ils semblent déterminés et il n'est pas improbable qu'ils reviennent un jour à l'Espérance. Qui sait si une nouvelle piste ne les reconduira pas chez nous ?
Depuis leur visite, Charlotte dévisage avec anxiété chaque nouveau venu. Heureusement, nos hommes sont facilement reconnaissables

paraît-il. Ma sœur me les a décrits afin que je me méfie moi aussi. L'un d'entre eux est très grand, très maigre, blond et avec une longue balafre sur la joue droite, qui donne l'impression qu'il sourit d'un air moqueur. Le second, grand lui aussi, est beaucoup plus fort. Plutôt châtain, il porte une moustache épaisse et relevée sur les pointes. Quand il sourit, on peut voir ses deux dents de devant qui sont écartées l'une de l'autre et laissent un petit trou au milieu de sa bouche.

Maria n'est pas une enfant comme les autres au château de l'Espérance. Pour commencer, elle n'est pas française mais russe. Certes son français est si impeccable qu'il est impossible d'y percevoir le moindre accent lorsqu'elle parle, mais Maria est née à Saint-Pétersbourg, non loin des appartements de la famille impériale, nous a-t-elle raconté. Avant qu'elle n'arrive chez nous, il y a dix mois, elle était élevée par une gouvernante française comme presque tous les enfants de la noblesse russe.
Ensuite, Maria n'est pas orpheline. Ses parents, puisse Dieu m'entendre, vivent encore. Nous ignorons simplement où ils se trouvent car ils se cachent sans doute. Ils sont arrivés un jour au château de l'Espérance avec leur fille. Ils ressemblaient à des bêtes traquées. La femme était d'une pâleur effrayante et l'homme paraissait ne pas avoir dormi depuis des jours. La fatigue et la peur se lisaient sur leur visage. Maria, elle, avait les traits tirés également et une vilaine toux. Charlotte leur a proposé de les héberger pour quelques jours. Ils ont accepté pour une nuit et, le lendemain, ils avaient disparu, laissant Maria derrière eux. « Veillez sur elle pour l'amour

de Dieu et assurez-la de notre amour », disait simplement le petit billet laissé à côté de l'enfant qui dormait encore. Nous avons eu beau chercher partout aux environs, nous n'avons retrouvé leur trace nulle part. Ils avaient disparu aussi soudainement qu'ils étaient arrivés.

Son abandon a plongé Maria dans un profond désespoir. Elle refusa de parler et de s'alimenter pendant plusieurs jours et même d'avaler les sirops et tisanes que nous lui concoctions pour faire passer sa toux. Nous avons cru à un moment qu'elle ne s'en sortirait pas. Mais le Seigneur en avait décidé autrement. Un jour, Maria demanda à manger, sans raison. Elle reprit peu à peu des forces et des couleurs et retrouva l'usage de la parole. Elle nous a alors parlé un peu de sa vie passée, à Saint-Pétersbourg. Elle s'appelait Maria Vadimovna Polenkovitch et avait neuf ans et demi. De ses derniers mois avec ses parents, elle ne se rappelait pas de grand-chose. Elle se souvenait seulement d'avoir été réveillée une nuit par son père. Il l'avait emmitouflée dans un grand manteau et lui avait fait signe de se taire tandis qu'elle rejoignait sa mère dans une voiture à cheval. Depuis, elle avait suivi ses parents de cachette en cachette, de pays en pays sans rien comprendre de ce qui lui arrivait. « Ton père doit se cacher, lui disait simplement sa mère. Ils lui veulent du mal. » Et puis, il y a plusieurs mois, ils s'étaient installés à La Rochelle. La vie redevint normale jusqu'à ce que son père rentrât un jour en courant chez eux. Ils eurent juste le temps de prendre quelques bagages et de fuir de nouveau.

Deux hommes sont donc venus et ils cherchaient Maria, c'est certain. Charlotte et moi avons décidé de la mettre à l'abri. Charlotte a immédiatement proposé de partir avec elle pour lui trouver un endroit sûr, mais j'ai refusé qu'elle quitte l'Espérance. C'est elle qui est à l'origine de cet orphelinat, même si nous nous étions fait la promesse de le tenir ensemble. À force de persévérance et de courage, elle a rouvert les portes du château de nos parents pour donner un toit et de l'amour à ceux qui en avaient le plus besoin : les enfants. La grandeur d'âme de ma sœur force mon admiration. Malgré les tourments qu'elle a connus durant les heures noires de la Révolution, malgré la traque dont elle a fait l'objet et qui l'a obligée à vivre cachée plusieurs années, elle accueille aujourd'hui des enfants, quels qu'ils soient. Ceux qui vivent là autour d'elle ont tous perdu leurs parents, qui étaient nobles ou révolutionnaires, riches ou pauvres, bourreaux ou victimes. Elle ne fait aucune distinction. Son amour est pour tous.

Charlotte ne peut pas quitter l'Espérance. Ses pensionnaires ont trop besoin d'elle, en particulier la petite Agathe Barbier qui fut la toute première à être recueillie par ma sœur. Elle considère Charlotte comme sa propre mère. Être séparée d'elle lui donnerait l'impression d'être orpheline une nouvelle fois.

Et puis, Charlotte est mariée maintenant. Il y a huit mois, un jeune homme très maigre et fort pâle s'est présenté au château. Il cherchait une certaine Charlotte Martin. Je n'ai pas aussitôt reconnu le nom d'emprunt de ma sœur durant la Révolution. J'allais donc lui dire qu'il se trompait lorsque j'ai entendu ma sœur crier dans mon dos. Notre visiteur n'était autre que Thomas du Tertre, le médecin qu'elle avait rencontré à Rochefort et dont elle s'était éprise. Charlotte et lui s'étaient promis que s'ils survivaient à la Révolution ils se marieraient. Charlotte m'avait longuement parlé de Thomas et je savais combien il était cher à son cœur. Je connaissais aussi les angoisses qui l'assaillaient à son sujet et la terrible attente qu'elle endurait sans jamais se plaindre. Chaque jour, elle priait pour qu'il ne soit pas mort.

Les prières de Charlotte avaient été exaucées : Thomas était vivant. Mais il avait été arrêté et jugé pour trahison peu après la fuite de Charlotte. Un garde de la prison de Rochefort l'avait surpris alors qu'il faisait passer du pain et du vin aux prêtres prisonniers afin qu'ils puissent célébrer la sainte eucharistie. Lorsque la sentence de son procès tomba, elle était sans appel : la mort ! Mais entre-temps, Thomas du Tertre avait fait des merveilles dans la prison où il était retenu. Il soignait les prisonniers, veillait à l'hygiène et acceptait même d'ausculter les gardes qui le lui demandaient. Certains jugèrent que ses services méritaient que l'on fermât les yeux et que l'on oubliât la peine. Thomas resta donc en prison jusqu'à ce qu'il fût enfin gracié, il y a quelques mois seulement. Durant plus de huit ans, il avait été non loin de sa bien-aimée sans jamais pouvoir lui donner de ses nouvelles ni même savoir si elle vivait encore. Le jour où il sortit enfin de prison, Thomas s'acheta de nouveaux vêtements et passa chez le barbier pour être rasé de près et se faire couper les cheveux, puis il se précipita au château de l'Espérance.

Dès le lendemain de leurs retrouvailles, le bon abbé Bonnet, que nous avions connu enfants, a marié Charlotte et Thomas devant notre Seigneur. La cérémonie fut simple mais très belle. La petite chapelle où nos parents s'étaient mariés eux aussi était remplie d'enfants. Charlotte semblait si heureuse. Thomas également. Je ne voudrais pas être tenue pour responsable d'une nouvelle séparation de ces deux-là. C'est donc à moi qu'il revenait de partir.

À dire vrai, je ne sais pas encore où aller. Je me laisse deux ou trois jours pour me décider. Nous sommes convenues avec Charlotte que je la tiendrai informée de mes projets en lui écrivant chez Jean, le fils de Madeleine et Louis nos deux bons vieux serviteurs. Je n'ai jamais revu Louis. Il est mort peu avant mon retour du Canada. Madeleine, en revanche, est morte trois jours après que je suis revenue. On aurait dit qu'elle m'attendait pour s'assurer que tout rentrait dans l'ordre. Elle était si fière de pouvoir retrouver papa et maman Là-Haut et de leur dire que nous allions bien.

Je regarde Maria dormir. Quelle adorable enfant ! Avec le temps, nous avons découvert une fillette joyeuse et espiègle. Elle est vive et intelligente, et chante de façon merveilleuse. Lorsqu'elle entonne les cantiques à la messe, on croirait entendre un ange. Si seulement je savais ce que je dois faire pour la mettre en sécurité !

Cholet, le lendemain matin

Il fait encore nuit. Maria dort toujours. J'ai eu toutes les peines du monde à trouver le sommeil. Je n'ai cessé de tourner et retourner le problème dans ma tête et je pense avoir trouvé un début de solution. Je dois aller en Russie ! N'est-ce pas en effet quand les choses sont sous nos yeux que nous les trouvons le moins ? Combien de fois ai-je cherché l'aiguille de mon ouvrage alors que je l'avais plantée dans le revers de ma tunique ! Si Maria arrive de Saint-Pétersbourg, elle doit y retourner. Ceux qui la cherchent ont déjà dû passer la ville au peigne fin. Ils continuent leurs recherches ailleurs désormais. C'est donc là-bas que Maria doit retourner. Elle y sera plus en sécurité que nulle part ailleurs. Je réussirai même peut-être à retrouver un peu de sa famille qui acceptera de la protéger. Sans compter que sa présence passera sans doute plus inaperçue là-bas qu'ici. Je ne connais pas les Russes mais je suppose qu'elle leur ressemble beaucoup. Sa beauté est si peu typique de celle d'ici. Ses yeux surtout sont d'une couleur que je n'avais jamais vue jusqu'à maintenant. Ils semblent taillés directement dans une émeraude.

Reste à savoir comment nous rendre en Russie. La dernière fois que je me suis embarquée pour l'étranger, il est peu de dire que je me suis égarée. En lieu et place de l'Angleterre, je suis arrivée au Canada !

IV

Dimitri tourne les pages avec enthousiasme. Le récit de son aïeule est bien plus passionnant qu'il ne l'avait imaginé. Il découvre une femme droite et courageuse qui suscite son admiration.

Le temps, d'ordinaire si long dans un train, lui donne l'impression de passer à toute allure en compagnie de cette femme française née un siècle avant lui. Et lorsque Piotr vient frapper de nouveau à la porte de la cabine, le jeune homme n'en revient pas qu'il soit déjà l'heure de souper. Il referme son ouvrage presque à contrecœur et regarde le domestique dresser la table en silence.

– Es-tu bien installé pour voyager, mon ami ? lui demande-t-il finalement.

Piotr hoche la tête. Il dort dans une petite cabine au bout du wagon afin d'être toujours à portée de sonnette de son maître. L'endroit est exigu mais propre.

– Que dirais-tu de changer un peu notre parcours ? suggère Dimitri.

Le domestique le regarde avec un demi-sourire. Il ne savait même pas que le jeune homme avait un programme de voyage en tête. Lorsque Dimitri avait annoncé à ses parents qu'il allait visiter la France, ainsi que le faisaient souvent les jeunes gens de son âge, il n'avait aucune idée des endroits où il voulait s'arrêter. Paris, bien sûr, était incontournable. Tout comme Nice et la Côte d'Azur où des villas somptueuses pouvaient se louer facilement. En dehors de ces deux escales, le Russe prévoyait de voyager au gré de ses envies et de ses rencontres.

– Nous commencerons par La Rochelle, déclare Dimitri. Je pars sur les traces de mon arrière-grand-mère !

– La Rochelle ?

– C'est bien cela.

– Où est-ce ?

Dimitri relève un sourcil avec amusement.

– Je n'en sais rien au juste.

Il fouille en parlant dans sa petite valise et en sort une carte de France pliée avec soin. Il l'étend devant lui et se penche au-dessus avec Piotr. Il faut de longues minutes aux deux jeunes gens pour découvrir la ville de La Rochelle, sur la façade atlantique de la France.

– C'est plutôt très éloigné, constate Piotr avec une moue de déception.

Mais Dimitri n'est pas homme à se laisser intimider par les longs trajets.

– Eh bien ? Ne sommes-nous pas jeunes ?

– Si vous le souhaitez...

– Je veux découvrir le château de l'Espérance dont mon aïeule parle avec tant d'émotion.

Piotr acquiesce. Les désirs de son maître sont des ordres et il se garderait bien de les contester. Et quand bien même il le pourrait, il ne le ferait pas. Piotr réalise la chance inégalée qu'il a d'entreprendre ce voyage à son âge. Il a toujours rêvé de parcourir le monde mais ne pouvant quitter son emploi, il découvre les pays à travers les livres. En le choisissant pour l'accompagner dans son périple, Dimitri a comblé l'un de ses vœux les plus chers.

Dimitri s'installe devant le repas que vient de lui servir Piotr. Cette décision lui a donné de l'appétit. Il dévore le poisson en sauce avec voracité.

– Sais-tu s'il est possible d'en avoir encore un peu ? demande-t-il à Piotr qui veille sur le bon déroulement du souper.

– Je vais me renseigner, dit ce dernier en ouvrant la porte de la cabine.

L'homme qui se tient derrière, l'oreille collée au battant, manque de basculer en avant lorsque la porte s'ouvre. Il se rattrape de justesse, se compose un air détaché et fait mine de poursuivre son chemin dans le couloir. Piotr lui lance un regard oblique. Il lui semble avoir déjà vu ces épais favoris roux quelque part.

Paris, le 8 février 1804

Je suis heureuse d'avoir voyagé jusqu'à Paris avec la berline que ma sœur nous a prêtée. C'est un véhicule confortable et rapide. Les chevaux et le cocher se sont avérés des meilleurs. Nous avons pour consigne de les renvoyer à La Rochelle quand nous n'en aurons plus besoin. Ils repartiront donc demain.

Nous resterons sans doute quelque temps à Paris pour trouver un moyen sûr et raisonnable de rejoindre la Russie. Nous pourrions partir simplement toutes les deux mais je redoute qu'une femme et une fillette voyageant seules à travers l'Europe n'attirent les mauvaises gens. Pour monter à Paris déjà, certains ont cru pouvoir nous chaparder quelques effets ou nous manquer de respect. Sans le cocher de Charlotte, j'aurais été bien en peine de chasser tous ces malotrus.

Au cœur de cette immense cité, en revanche, notre présence passe inaperçue. Nous pouvons nous déplacer tout à notre aise sans risquer d'être ennuyées. Seuls quelques charlatans nous proposent à chaque coin de rue de nous tirer les cartes pour prédire notre avenir. Mais ils font cela avec tous ceux qui passent, dans l'espoir de leur extorquer quelques sous. Leur petit manège fonctionne bien car nombreux sont ceux qui s'y laissent prendre. L'homme aime

connaître son avenir, même s'il est totalement faux. Il a oublié de s'en remettre à Dieu et à sa divine Providence.
Maria est moins impressionnée que moi par les bâtiments immenses qui bordent la Seine. À Saint-Pétersbourg, m'a-t-elle dit, il y en a de plus grands encore. La cathédrale de Paris me fascine plus que tout autre. Elle semble s'élancer vers le ciel et lorsque ses cloches sonnent, on croirait sentir la terre trembler.
J'irai rencontrer demain maître Boieldieu, le célèbre musicien et compositeur. J'ai entendu dire qu'il partait bientôt pour la Russie. Peut-être acceptera-t-il de me prendre avec lui pour lui rendre quelques menus services ? Mais je n'en sais pas plus. C'est notre hôtesse qui m'a donné cette information qu'elle avait elle-même entendue de la bouche de l'un de ses clients. Elle ne se souvient plus si c'était hier ou bien il y a une semaine de cela. Nous verrons. Peut-être arriverai-je trop tard ?
Chaque soir, je prie le Seigneur de nous protéger et de nous montrer ce qui est le mieux pour nous. Si seulement il pouvait m'envoyer un signe !

Paris, le 9 février 1804

J'ai souvent pu constater que le Seigneur avait de l'humour. Cette fois-ci encore, j'en peux témoigner. Je terminais d'écrire hier en lui demandant un signe et celui qu'il m'a envoyé va bien au-delà de mes espérances.

Ce matin, lorsque je suis arrivée chez maître Boieldieu, j'ai trouvé une maison en pleine ébullition. Au moins n'était-il pas encore parti. Des domestiques s'affairaient dans tous les sens pour descendre de lourds bagages. Le petit vestibule qui servait d'entrée était si encombré qu'il était presque impossible de s'y tenir à plusieurs. L'homme qui nous a ouvert la porte nous a donc proposé d'attendre qu'il prévienne le maître en nous postant dans l'escalier. C'est ce que nous fîmes Maria et moi. Nous avons grimpé quelques marches et observé le curieux manège qui se déroulait sous nos yeux. La maisonnée était sur le point de partir en voyage, cela était certain.

Le ballet des domestiques semblait obéir à une même règle. Ils sortaient d'une pièce, les bras chargés de bagages ou d'instruments de musique soigneusement emmaillotés dans des linges, passaient devant une petite table à l'étage où un homme notait leur chargement, puis descendaient dans l'entrée pour y entreposer leurs paquets. Deux fois, l'homme assis à sa table de compte rappela un laquais pour vérifier son chargement puis le laisser repartir. La première fois, le son de sa voix réveilla en moi de lointains souvenirs que j'étais bien en mal d'identifier. La seconde fois, sa voix me parut vraiment familière mais sans que je retrouve le lieu et le moment où je l'avais entendue. Se pouvait-il qu'il y ait dans cette maison quelqu'un de ma connaissance ? C'eût été une belle aubaine.

Je montais alors quelques marches supplémentaires afin de pouvoir mieux apercevoir celui qui se trouvait derrière sa petite table. Il était penché sur son livre de comptes, tout occupé à noter ce qu'on déménageait. Quand enfin il releva la tête, je sursautai. Je venais de reconnaître Paulin, le jeune mousse auquel je m'étais liée sur le navire *Le Généreux* en partance pour le Canada. Avec Gabrielle, ma fidèle amie à bord, nous avions passé de longues heures en compagnie de Paulin pour lui apprendre à lire. En échange, il nous avait enseigné des chants marins et comment faire les nœuds ou sculpter dans le bois.

Quand je l'appelai, Paulin ne réagit pas. Il regarda dans ma direction, m'observa un instant sans laisser paraître le moindre sentiment puis retourna à ses calculs. Il ne m'avait pas reconnue. Je l'appelai une deuxième fois, sans plus de succès. Un domestique qui passait à ce moment-là m'en expliqua la raison. Le jeune comptable avait perdu la mémoire. Après l'accident de son navire au large de l'île de Ré, on l'avait retrouvé presque mort sur la plage. Il ne se rappelait plus de rien. Était-il un simple mousse ? Un officier ? Personne n'était en mesure de le dire. Ses habits en lambeaux ne permettaient pas de l'apprendre, et si ses manières

étaient simples, il savait lire et écrire, ce qui ne manqua pas d'étonner tout le monde.
Des habitants de l'île l'avaient soigné durant de longues semaines jusqu'à ce qu'il soit en mesure de repartir. Il était alors allé à Paris dans l'espoir de trouver un travail. Maître Boieldieu cherchait un homme à tout faire. Il l'avait embauché. Ici, tout le monde l'appelait Jules, du nom que lui donnèrent ceux qui l'avaient recueilli.
Je gravis encore quelques marches en tenant la main de Maria et m'approchai de la petite table où se tenait mon ancien ami. Lorsque je fus devant lui, il se redressa et me dévisagea sans comprendre. Il avait beaucoup changé. Il n'était plus le jeune garçon de quatorze ans que j'avais connu mais un homme. Il avait gardé la même chevelure blonde et drue qu'il essayait de maintenir en catogan avec un large ruban. En revanche, son visage était très marqué. Il avait perdu son air jovial et lumineux. Une ride profonde s'était creusée entre ses deux yeux, lui donnant un air soucieux. Ses yeux bleus, comme délavés par l'eau de mer, me fixaient sans aucune expression. Je ne retrouvais plus sa spontanéité et sa joie de vivre qui avaient tant égayé mes journées à bord du *Généreux*. Je murmurai son prénom une nouvelle fois et crus percevoir, cette fois-ci, un léger tressaillement. « C'est moi, Élisabeth ! » insistai-je alors. Paulin ne broncha pas, s'excusa de ne pas savoir qui j'étais et retourna à ses livres et à sa plume. Il n'était pas question que j'abandonne. J'étais sûre qu'il s'agissait bien de mon ami et je ne voulais pas repartir sans qu'il m'ait reconnue. Je me mis donc à chanter doucement un air marin qu'il nous avait appris,

à Gabrielle et à moi, et que nous aimions entonner avec lui quand la nuit tombait sur le bateau. Je vis alors les doigts de Paulin se crisper imperceptiblement sur sa plume. Il gardait la tête obstinément penchée mais je savais qu'il écoutait.

C'est à ce moment-là que Maria s'est mise à chanter elle aussi. Elle reprenait avec moi l'air que j'avais souvent fredonné au château de l'Espérance. Sa magnifique voix d'enfant s'éleva dans l'escalier de la maison et le temps sembla se suspendre un instant. Les hommes qui allaient et venaient s'arrêtèrent spontanément pour écouter. Paulin ne bougeait toujours pas mais je vis rouler une grosse larme sur sa joue. J'étais certaine que ce chant réveillait en lui quelque souvenir. J'allais tenter de lui parler de nouveau lorsqu'une porte s'ouvrit à l'étage. Je vis un homme à la silhouette élégante s'arrêter sur le seuil et regarder dans notre direction, à Maria et à moi. Plutôt mince, il portait une veste sombre serrée au-dessus d'un haut-de-chausse beige avec un large foulard blanc noué autour du cou. Ses cheveux bruns et bouclés étaient coupés court et flottaient en pagaille autour de son visage. Maître Boieldieu, car c'était lui, me sourit et me fit signe de le rejoindre. Je me tus et entraînai derrière moi Maria qui continuait de chanter.

« Je veux cette enfant avec moi, dans ma chorale, en Russie », me dit simplement le célèbre musicien.

Quelle plus belle réponse à mes prières pouvais-je espérer ?

V

Émilie et Constance se laissent doucement bercer par le mouvement de la voiture à cheval. La journée touche à sa fin, le soleil descend à l'horizon. Bientôt, il disparaîtra dans la mer. Les deux jeunes filles reviennent de La Rochelle où elles sont allées se promener le long des quais.

Voici plusieurs jours maintenant qu'elles sont au château de l'Espérance et le temps leur paraît comme suspendu. Le jour de leur arrivée, sœur Marie-Agnès les avait emmenées sur les pas de Charlotte et Élisabeth d'Espérance, près d'un siècle plus tôt. Elles avaient tout vu : le ponton d'où Élisabeth avait sans doute embarqué pour le Canada, le Comité de sûreté générale où Charlotte jouait les espionnes, la ferme du Rusquec où elle sauva son premier protégé, la maison de Thomas du Tertre à Rochefort... En faisant ses recherches, sœur Marie-Agnès était même parvenue à retrouver la minuscule cabane qui servit de maison à Charlotte durant de longs mois. Située au fond d'un jardin de La Rochelle, elle croulait sous le lierre et son toit s'effondrait par endroits mais ce n'était pas sans émotion que les trois amies avaient imaginé Charlotte vivant ici et bravant courageusement le danger. Cette première journée à La Rochelle avait été fort dense, sans compter la découverte du château de l'Espérance qui les avait beaucoup émues. Mais ensuite, le temps s'était extraordinairement ralenti. Émilie et Constance vivent maintenant à l'heure du pensionnat, rythmée par les offices réguliers, les cours et leurs entrevues avec le prêtre qui a accepté de les accompagner durant leur retraite. L'une et l'autre profitent de ce lieu calme et recueilli pour réfléchir, se ressourcer et prier chacune de son côté. Elles se retrouvent en fin d'après-midi pour une promenade ensemble, quelques courses en ville et pour passer la soirée.

Les deux jeunes filles sont plongées dans leurs pensées quand des piaffements de chevaux et des bruits de sabots les tirent de leur rêverie en sursaut. Constance se retourne et découvre une grosse voiture à cheval qui les suit de beaucoup trop près. Le conducteur très nerveux semble vouloir les doubler.

– Celui-là va nous faire avoir un accident ! s'exclame-t-elle.

Elle lui fait signe de la main de ralentir mais cela n'a pour effet que d'agacer le cocher davantage, qui fait faire un écart à sa voiture pour tenter de passer de l'autre côté de la route et doubler. La route est étroite et sinueuse. C'est extrêmement dangereux.

– Il est fou ! s'indigne Émilie.

Elle se penche alors vers leur cocher et lui demande de se ranger sur le côté pour laisser passer le véhicule. Elle n'a aucune envie d'avoir un accident à quelques mois de son mariage. Le cocher obtempère. Il tire sur ses rênes pour ralentir la course de ses chevaux et les diriger sur le bas-côté.

L'autre voiture les dépasse en trombe, attendant à peine que la manœuvre soit terminée. Elle est chargée de lourds bagages sur le toit. Le cocher ne lève même pas la main pour remercier de l'avoir laissé passer.

– Quel empressement ! constate Émilie. Je me demande ce qui peut être assez urgent pour justifier autant de risques.

La voiture est déjà loin devant. Elle disparaît derrière un nuage lourd de poussière.

Quelques secondes plus tard, alors que le cocher vient juste de remettre son véhicule au milieu de la route, une autre voiture passe en trombe. Celle-ci ne prend même pas la peine de s'arrêter. Plus étroite que l'autre, elle s'engage sans hésiter sur le côté, manquant de verser dans le ravin. L'unique passager est assis directement à côté du chauffeur et le houspille pour aller toujours plus vite. En passant, il n'adresse pas même un regard aux deux jeunes filles et s'éloigne dans un bruit assourdissant.

– Ces deux-là font la course, c'est certain, note Constance.

– À moins que le second ne poursuive le premier, corrige Émilie toujours à l'affût d'un peu de mystère.

Peu de temps après, la voiture des deux jeunes filles s'engage dans la longue allée qui mène au château de l'Espérance. Celui-ci a très peu changé depuis l'époque de Charlotte et Élisabeth. Certes l'intérieur a été pillé durant la Révolution et tous les meubles ont disparu, mais l'extérieur est resté intact. Même la petite statue de la Vierge sur une niche de la façade n'a pas été endommagée. La longue bâtisse se dresse sur trois étages. Sa façade est percée d'innombrables fenêtres. Au niveau du toit en ardoise, d'autres fenêtres en chien-assis forment un étage de plus sous les combles. De part et d'autre de la façade, deux ailes supplémentaires donnent à l'ensemble la forme d'un U autour d'une large cour intérieure ornée de buissons de buis savamment taillés.

La voiture s'approche du château quand Constance remarque une berline tirée par des chevaux et garée devant le perron de l'entrée.

– Tiens, quelqu'un est arrivé, note-t-elle.

Émilie se redresse.

– Mais c'est la voiture de tout à l'heure ! s'exclame-t-elle.

Elle reconnaît les gros bagages entassés sur le toit et les chevaux gris pommelé qui tiraient le véhicule. Constance fronce les sourcils :

– J'espère que leur empressement de tout à l'heure n'est pas de mauvais augure.

VI

Lorsque mère Marguerite Marie pénètre dans son bureau accompagnée de sœur Marie-Agnès, Dimitri se lève aussitôt.

– Bonjour ma mère, la salue-t-il d'un air aimable.

La mère supérieure le fixe avec attention. Elle se rappelle toujours parfaitement les visages. Mais ce grand jeune homme aux cheveux très blonds, aux yeux d'un bleu profond et au sourire charmeur ne lui dit rien. Elle ne l'a jamais vu.

– Bonjour, monsieur.

– Dimitri Vassilovitch Rochenkovski, pour vous servir.

– Sœur Marie-Agnès m'a dit que vous désiriez passer la nuit ici.

La jeune religieuse qui s'occupe de l'accueil avec une autre sœur, sœur Cécile, acquiesce. D'ordinaire, elle gère toute seule les arrivées des retraitants ou des visiteurs, mais ce jeune homme s'est présenté très tard et les religieuses n'ont pas pour habitude de recevoir des hôtes à une heure aussi avancée. Elles réservent les places d'urgence aux nécessiteux qui frappent régulièrement à leur porte, à la nuit tombée. Devant l'insistance du jeune Russe à être logé au château, elle a néanmoins accepté de déranger la mère supérieure afin que celle-ci tranche.

– S'il m'était possible, je souhaiterais même rester plusieurs jours, précise Dimitri.

Mère Marguerite Marie regarde le visage du jeune homme avec attention.

– Permettez-moi d'être surprise par votre requête. Vous êtes russe si j'en crois ce que m'a dit cette jeune sœur.

– Effectivement. J'arrive de Saint-Pétersbourg. J'ai entendu parler de votre pensionnat...

– Et vous venez tout droit de Russie pour résider au château de l'Espérance ? le coupe la mère. Je suis très honorée que quelqu'un vous ait recommandé notre demeure mais je crains que cette personne ne se soit trompée. Nous ne sommes pas un hôtel mais un pensionnat. Un orphelinat même, pour être plus précise.

Dimitri sourit. Il réalise soudain combien sa demande peut sembler incongrue.

– Pardonnez-moi ma mère, s'excuse-t-il. Croyez bien que je ne m'attendais nullement à me retrouver à l'hôtel. J'ai d'ailleurs pressé mon cocher afin que nous n'arrivions pas trop tard. Je ne voulais pas perturber la vie de votre établissement et souhaitais arriver avant le repas et l'office du soir. Si vous pouviez seulement avoir une petite place pour mon domestique et pour moi...

Mère Marguerite Marie se tourne vers sœur Marie-Agnès qui secoue sa cornette.

– Nous sommes pleins, précise cette dernière. Nous avons

beaucoup de retraitants en dehors de nos élèves. Il ne reste que deux chambres d'urgence.

– Ne pouvez-vous pas me considérer comme une urgence ? tente Dimitri.

La supérieure esquisse un sourire. Les vêtements raffinés du jeune homme, sa mise soignée et ses manières délicates n'ont rien à voir avec les cas d'urgence qu'elles ont coutume de recevoir.

– S'il vous plaît… insiste Dimitri.

Mais la mère supérieure est intraitable.

– Je suis désolée mais ce n'est pas possible. Je ne peux vous donner l'une de ces chambres d'urgence. L'accueil du plus pauvre fait également partie de notre mission.

– Et je ne ressemble pas à un pauvre, constate Dimitri, bon joueur.

Mère Marguerite Marie sourit.

– Je vous suis reconnaissante de me comprendre.

Le jeune homme se lève.

– Permettez-moi au moins de repasser demain pour visiter le château, dit-il. J'en ai entendu dire tant de bien.

Sœur Marie-Agnès, qui suit la conversation avec attention, ne peut se retenir plus longtemps. Sa curiosité est plus forte qu'elle. Elle a beau multiplier les efforts pour se corriger, elle a toujours eu ce petit défaut contre lequel elle a bien du mal à lutter.

– Puis-je vous demander qui vous a parlé de notre établissement en des termes aussi flatteurs ? ose-t-elle demander en s'immisçant dans la conversation.

– Je viens de lire les mémoires de mon arrière-grand-mère française qui a vécu ici alors qu'elle était…

– Votre arrière-grand-mère ? l'interrompt sœur Marie-Agnès avant qu'il ait pu terminer sa phrase. Comment s'appelait-elle ? demande-t-elle le cœur battant.

– Élisabeth d'Espérance. Nous sommes bien ici au château de l'Espérance, n'est-ce pas ?

Paris, le 10 février 1804

Qu'il est doux de retrouver ceux que l'on a aimés. Je garde de merveilleux souvenirs de nos moments passés avec Paulin à bord du *Généreux*; et le retrouver ici, à Paris, alors que je me croyais seule, est un véritable réconfort.

La mémoire est un mécanisme étrange qui obéit à des règles qui nous échappent totalement. Alors que Paulin ne se souvenait plus de rien depuis dix ans, il a suffi d'un simple chant marin fredonné par Maria et moi pour que tout ressurgisse d'un seul coup. Désormais, il se souvient parfaitement de sa carrière de mousse, de nos leçons de lecture à Gabrielle et moi. Il se rappelle également le terrible naufrage dont fut victime *Le Généreux*. Il rentrait du Canada lorsqu'une mer mauvaise et des vents violents l'ont poussé trop près de l'île de Ré. Le récif lui a été fatal. C'était de nuit. Le feu de la vieille tour qui indiquait le bout de l'île n'était pas assez puissant. Le navire a sombré corps et biens en quelques minutes à peine. Paulin ne sait plus comment il a réussi à atteindre la terre ferme. Il a été le seul survivant. Le capitaine et tous ses hommes ont péri. L'abbé Joignon aussi. Il avait décidé de ne pas rester au Canada malgré le danger qu'il courrait en France. Il voulait accompagner ces hommes de mer pour leur donner le courage et

l'espérance dont ils avaient besoin lors des longues traversées. Il les aura accompagnés jusqu'au bout. Paix à son âme !
En entendant le récit de Paulin, j'ai enfin compris pourquoi Charlotte n'avait jamais reçu de mes nouvelles. J'avais confié ma lettre à Paulin. Elle se sera perdue en mer avec tout le reste.

Mes retrouvailles avec Paulin et la voix angélique de Maria m'ont été d'un grand secours pour mener à bien mon projet de voyage en Russie. Maître Boieldieu est si enthousiaste à l'idée de faire chanter Maria qu'il est prêt à tout pour lui permettre de rejoindre ses chœurs. Lorsque je lui ai assuré que cela serait possible à condition que je vienne avec elle, il a cependant montré quelques réticences. Bien entendu, il n'envisageait pas que l'enfant voyage seule, mais il avait en tête de la confier aux bons soins de son ancienne nourrice. Quant à moi, il pensait simplement me donner une modique somme d'argent pour me dédommager des frais occasionnés par mon voyage jusqu'à Paris. « Si la fillette est orpheline, qui pourrait s'opposer à ce qu'elle nous suive ? » m'a-t-il dit. Je venais en effet de lui servir le fragile alibi que j'avais monté pour justifier notre présence à Paris. Je lui avais expliqué que Maria était l'une de nos pensionnaires de l'Espérance. Son aptitude pour le chant nous avait semblé si grande que nous avions eu l'idée de la faire auditionner dans l'espoir de la voir intégrer une école de musique de la capitale. Sa proposition de la prendre dans sa troupe ne m'en avait pas laissé le temps mais, aussi intéressante soit-elle, je voulais m'assurer que tout se passerait bien pour Maria. Maître Boieldieu considérait ma présence comme

inutile et coûteuse : je représentais une bouche supplémentaire à nourrir. Heureusement, Paulin est alors intervenu. Il a assuré à son maître que je pourrais lui être d'un grand secours dans son travail de comptable. Après quelques ultimes hésitations, maître Boieldieu a finalement accepté. C'est inespéré. Nous ne voyagerons pas seules, avec tous les risques que cela comporte, mais au cœur d'une grande troupe de musiciens, de choristes et de personnel en tout genre. Maître Boieldieu se déplace avec toute sa maisonnée. Le tsar Alexandre Ier lui-même lui a demandé de le rejoindre. Le compositeur français sera traité avec tous les égards.
Nous partons dès demain. J'ai tout juste le temps d'envoyer un message à Charlotte à l'adresse de Jean notre gardien, afin qu'elle ne se fasse plus de souci pour nous.

VII

Émilie et Constance dévisagent l'inconnu avec un étonnement mêlé d'excitation. Après avoir cru un moment qu'il se passait quelque chose de grave à l'orphelinat, se retrouver en présence de l'un des descendants des sœurs Espérance leur paraît tout à fait incroyable.

En découvrant le lien de parenté de Dimitri avec les sœurs Espérance, et avec l'autorisation de la mère supérieure, sœur Marie-Agnès avait finalement remué ciel et terre pour lui trouver un endroit où passer la nuit. Il n'y avait effectivement plus de place à l'orphelinat mais les gardiens du château avaient accepté de mettre deux de leurs modestes chambres à la disposition de Dimitri et de son laquais Piotr. L'endroit était d'une simplicité extrême qui tranchait avec le luxe dans lequel le jeune homme avait voyagé jusqu'ici, mais Dimitri s'en moquait. Il était heureux de pouvoir rester sur place et de ne pas avoir à rebrousser chemin en quête d'un hôtel à La Rochelle. Qui plus est, il était juste à côté du château de son aïeule, là où il souhaitait se rendre. Après le dîner qu'il avait partagé avec les gardiens, il était retourné au pensionnat, où sœur Marie-Agnès l'avait invité à passer la soirée. Lorsqu'il était arrivé dans le grand salon du château – que les sœurs avaient aménagé pour y recevoir des visiteurs ou pour organiser de petits spectacles avec leurs pensionnaires –, il avait découvert Émilie et Constance qui l'attendaient avec impatience. Sœur Marie-Agnès leur avait promis une surprise mais elles ignoraient de quoi il s'agissait.

– Dimitri Vassilovitch Rochenkovski, Émilie Décochet et Constance Cerisaie, les avait-elle présentés.

Puis se tournant vers les deux amies, la jeune religieuse avait ajouté avec un large sourire :

– Ce monsieur arrive tout droit de Russie et…

Sœur Marie-Agnès avait marqué une pause.

– Il est l'arrière-petit-fils d'Élisabeth d'Espérance !

La surprise qui s'était peinte sur le visage des deux amies n'avait pas été sans étonner Dimitri, qui ne s'attendait pas à ce que la simple évocation de sa lointaine aïeule suscite autant de réactions. Lui-même n'avait fait sa connaissance que quelques jours plus tôt et il s'émerveillait de découvrir qu'elle tenait une place toute particulière dans le cœur de quelques personnes en France.

– Pardonnez-nous, s'excuse soudain Constance en sortant de son silence. Notre réaction doit vous paraître fort peu polie.

Dimitri l'observe sans rien dire. Il est fasciné par les yeux clairs de la jeune fille. Constance se trouble un instant sous son regard insistant et se tourne vers sœur Marie-Agnès avec une pointe d'embarras.

– Comprend-il notre langue ? demande-t-elle à voix basse, prise d'un doute soudain.

La religieuse hoche la tête. Constance rougit violemment et envoie un regard chargé de reproches au jeune homme. Il tousse, un peu gêné, et s'excuse à son tour.

– C'est à moi de vous demander pardon, dit-il sans le moindre accent. Je m'attendais à passer la soirée en compagnie d'aimables religieuses et voici que je rencontre deux charmantes demoiselles. Qui plus est, il semble que vous ayez quelques liens avec mon arrière-grand-mère si j'en crois vos réactions. Peut-être sommes-nous de la même famille ?

Émilie, revenue de sa surprise, s'exclame :

– Oh non ! Élisabeth est plutôt une…

Elle hésite sur le mot à employer pour définir ce qui les lie aux sœurs Espérance.

– Une amie ! reprend-elle après un court silence.

Sœur Marie-Agnès s'empresse de préciser les choses :

– Constance et Émilie ont fait la connaissance de votre arrière-grand-mère et de sa sœur Charlotte à travers des récits qu'elles ont retrouvés. En lisant leurs lettres et leurs mémoires, elles se sont senties très proches d'elles. Et moi aussi d'ailleurs, je dois vous l'avouer. Voilà qui explique pourquoi Émilie parle d'amitié.

– Charlotte et Élisabeth d'Espérance tiennent une place toute particulière dans ma vie, confirme Émilie. Elles m'ont apporté énormément de choses.

C'est toujours avec une certaine émotion que la jeune fille repense à tous les bouleversements survenus dans sa vie depuis sa découverte des lettres de Charlotte d'Espérance à sa sœur. Elle leur doit d'être heureuse aujourd'hui et cela elle ne peut l'oublier. Les témoignages des deux sœurs Espérance l'ont aidée à surmonter la mort de son cher père, mais ils lui ont également permis de découvrir la foi en Dieu qui lui a apporté une grande paix. En outre, c'est grâce à ces deux jeunes filles du siècle dernier qu'elle a fait la connaissance de sa meilleure amie aujourd'hui, Constance, et du frère de celle-ci, Théophile, devenu depuis son fiancé.

– C'est étrange, commence Dimitri.

Les trois jeunes femmes le regardent aussitôt attentivement.

– J'ai également fait la connaissance de mon arrière-grand-mère en lisant ses mémoires.

Constance et Émilie se regardent interloquées. Comment cela serait-il possible puisque le journal de bord d'Élisabeth a toujours été en leur possession ? Les yeux brillants, le buste tendu en avant, les deux amies se penchent un peu plus vers Dimitri dans l'espoir d'en apprendre davantage. Le jeune homme les observe avec un air amusé.

– J'ai retrouvé ses mémoires dans une vieille malle au grenier, explique-t-il enfin après avoir ménagé le suspense quelques instants. Je ne les avais jamais vus, et encore moins lus, auparavant.

– Cela signifierait donc qu'Élisabeth a vécu en Russie, en déduit sœur Marie-Agnès à haute voix.

– De quand datent-ils ? demande alors Émilie à brûle-pourpoint.

– Je ne me souviens plus exactement. Sans doute vers 1804. En janvier, je crois. Ou bien février. Je vérifierai tout à l'heure et vous dirai cela demain si cela vous convient.

Constance et Émilie sursautent. Se peut-il qu'elles aient bien entendu ? Sœur Marie-Agnès réagit la première :

– Signifiez-vous par là que vous avez actuellement les mémoires d'Élisabeth d'Espérance dans vos bagages ? demande-t-elle d'un ton le plus posé possible pour dissimuler son excitation.

– En effet. Je les ai emportés avec moi pour les lire durant mon voyage. J'avoue que je n'ai pas été déçu. Sa vie est passionnante.

Constance se tord les doigts un peu nerveuse, hésite, puis se lance :

– Serait-ce trop vous demander que de nous les prêter afin que nous puissions les lire ?

Dimitri la regarde en souriant. Il la trouve décidément tout à fait charmante et le petit air inquiet qu'elle prend soudain souligne le dessin délicat de ses sourcils blonds.

– Monsieur ? appelle Constance.

Dimitri sursaute légèrement. Il était perdu dans sa contemplation.

– Oui ?

– Seriez-vous assez aimable de nous prêter les mémoires de votre aïeule ? répète Constance.

– Oui, bien sûr… bien sûr. Pardon, répond le jeune homme qui cache son trouble avec peine.

Il passe la main dans ses cheveux et ajuste sa cravate de soie autour de son cou afin de retrouver un peu de contenance.

– Pourriez-vous me dire auparavant ce que vous savez de mon aïeule ? suggère-t-il enfin après quelques secondes. Je brûle d'en apprendre davantage à son sujet désormais.

Sœur Marie-Agnès se met à rire discrètement dans sa main.

– Avez-vous plusieurs heures devant vous ? lui demande-t-elle. Les aventures d'Élisabeth et de sa sœur sont captivantes. Elles ne se résument pas en quelques minutes.

Dimitri s'enfonce confortablement dans son fauteuil et sourit à la religieuse.

– Je suis tout ouïe.

Sœur Marie-Agnès ne se fait pas prier plus longtemps. L'envie de raconter tout ce qu'elle sait des sœurs Espérance la démange. Elle se lance alors dans un long récit ponctué de multiples rebondissements. De temps à autre, Constance et Émilie prennent le relais, ajoutent des éléments ou précisent une anecdote. Les trois amies se replongent avec délectation dans les aventures qui les ont tant passionnées il y a quelques années. Bientôt, elles en oublient presque la présence de Dimitri qui les laisse parler sans les interrompre.

Le jeune homme écoute avec attention tout en observant Émilie et Constance. Il faut avouer que pour sa première vraie soirée en France, il ne pouvait rêver meilleure compagnie. Les deux jeunes filles sont tout à fait ravissantes et leur esprit est vif et bien fait. La soirée qu'il passe avec elles est délicieuse, et fort instructive. Le jeune homme ne s'imaginait pas un seul instant qu'il apprendrait autant de choses sur son aïeule en aussi peu de temps.

VIII

Il est déjà fort tard lorsque Émilie et Constance rejoignent leur chambre. Sœur Marie-Agnès les a installées dans une aile du château afin qu'elles y soient plus au calme. La vie du pensionnat est toujours un peu bruyante et les deux amies sont venues ici pour être tranquilles, prier et réfléchir. D'ordinaire, les jeunes filles se couchent assez tôt après le dîner, mais cette fois-ci, ni Émilie ni Constance n'ont sommeil. Juste avant de les quitter pour la nuit, Dimitri est allé chercher les mémoires d'Élisabeth, qu'il avait laissés dans ses bagages, chez les gardiens. Maintenant, le gros livre en cuir entouré d'un ruban bleu est là, posé sur le lit d'Émilie. Les deux jeunes filles le contemplent en silence. Aucune n'ose faire le premier pas pour l'ouvrir. À l'excitation de la soirée a fait suite une sorte de calme respectueux. Ouvrir ce vieux livre est un peu comme retrouver une connaissance après plusieurs années d'absence. Certains se jettent dans les bras l'un de l'autre et marquent leur joie par des effusions bruyantes. D'autres, tout en retenue, commencent par graver cet instant dans leur mémoire avant de laisser exploser leurs sentiments.

Émilie brise enfin le silence :

– N'est-ce pas étrange ? dit-elle comme pour elle-même. Nos routes ne cessent de croiser celles des sœurs Espérance. Pour un peu je dirais que le hasard fait bien les choses.

Constance fait la moue.

– Je ne crois pas beaucoup au hasard, avoue-t-elle. Je préfère parler de Providence.

– La Providence ? N'est-ce pas l'autre nom que les chrétiens donnent au hasard.

– C'est bien plus que cela, répond Constance. Personne ne maîtrise le hasard, tandis que la Providence est l'ensemble de toutes ces petites ou grandes choses qui nous arrivent et que Dieu met sur notre route pour nous conduire au bonheur. Pour moi, notre rencontre avec les sœurs Espérance est un clin d'œil que le Seigneur nous adresse. Cela ne vous a-t-il pas permis de rencontrer mon frère ?

Émilie rougit légèrement. Il est certain que sans sa découverte des premières lettres de Charlotte elle n'aurait sans doute jamais croisé la route de Théophile. Un détail la chagrine cependant.

– Mais la vie n'est pas faite que d'événements heureux, réplique-t-elle. Elle nous réserve parfois de bien terribles épreuves.

La jeune fille s'arrête un instant. Elle se souvient, comme si c'était hier, du jour de la mort de son père. Monsieur Décochet était encore très jeune et en pleine santé lorsque la mort l'avait fauché dans son sommeil. Un matin, il ne s'était pas réveillé. Émilie entend encore le terrible hurlement de sa mère qui avait empli la maison ce matin-là. « Noooooooooon ! » avait-elle crié. Le sang d'Émilie s'était glacé. Elle avait immédiatement su que quelque chose de grave venait d'arriver, que sa vie ne serait plus jamais comme avant. Elle venait de perdre son père. Elle n'avait que seize ans.

– Dites-vous par là que la mort de mon père est un signe de la Providence ? demande-t-elle à son amie, un sanglot dans la voix malgré elle.

– Non ! Bien sûr que non ! s'exclame aussitôt Constance. Dieu ne veut pas le mal.

– Mais alors pourquoi a-t-il permis cela ?

– Je l'ignore, avoue Constance. La seule chose que je sache c'est que le Seigneur nous a créés libres. Il n'intervient pas dans notre vie en agissant à notre place. En revanche, il nous envoie quantités de petits signes pour nous montrer qu'il est là, toujours à nos côtés. Même dans les grands malheurs. Dieu n'a pas voulu que votre papa meure, mais je suis persuadée qu'il n'est pas étranger au fait que vous ayez découvert les lettres de Charlotte peu après. Ne vous ont-elles pas aidée à surmonter votre chagrin ?

Émilie hoche la tête. Constance dit vrai. Le témoignage de Charlotte lui avait redonné le goût de vivre.

– Cette rencontre, c'est un cadeau de la Providence, j'en suis persuadée, conclut Constance.

Émilie lui sourit avec une pointe d'espièglerie.

– Je vous crois. Mais que pensez-vous de ce nouvel ouvrage que nous découvrons aujourd'hui, demande-t-elle. Croyez-vous que ce soit encore un signe de la Providence ?

– Qui sait ?

Émilie observe son amie pour ne rien rater de sa réaction.

– La Providence voudrait-elle que vous rencontriez ce beau Dimitri ?

– Dimitri ? répète Constance, incrédule.

Son étonnement est vraiment sincère. Émilie n'en revient pas que son amie n'ait pas noté les regards insistants que lui a lancés le jeune homme durant toute la soirée.

– Il vous dévorait des yeux, précise-t-elle.

Constance tombe des nues.

– Que me racontez-vous là ?

– Ne pourrait-il pas être un bon parti ? suggère Émilie avec malice.

– Mais nous ne l'avons vu que quelques heures !

– Parfois cela suffit…

– Non ! Non ! et non ! la coupe Constance. Laissez-moi avec tout ceci. J'ai déjà bien assez de mal avec mes propres questions pour avoir à m'embarrasser des vôtres.

Émilie passe outre la colère de son amie et la relance. Elle sait que Constance l'a suivie à La Rochelle pour réfléchir à son avenir mais elle ignore ce qui la préoccupe vraiment. C'est la première fois qu'elle a la possibilité d'aborder le sujet de front avec elle et elle ne compte pas laisser cette occasion lui échapper.

– Quelles questions vous posez-vous ?

– Cela n'est rien.

– Dites-moi…

Constance la fixe un instant sans la voir puis soupire.

– Je ne sais plus où j'en suis, avoue-t-elle finalement dans un souffle. Même les conversations avec le prêtre qui nous accompagne ne me satisfont pas, parce qu'elles ne me donnent pas de réponse précise. Je vous envie d'avoir trouvé l'amour tout comme j'envie sœur Marie-Agnès qui est religieuse. Je brûle de devenir religieuse et de consacrer ma vie aux autres. Et dans le même temps je rêve d'avoir des enfants et de fonder une famille. Mon cœur me souffle quelque chose quand ma tête pense le contraire.

– Écoutez l'un et faites taire l'autre alors.

– Ce n'est pas si simple, murmure Constance en baissant la tête.

– Qu'est-ce qui vous empêche de faire un choix ?

– Je ne suis pas sûre de moi !

– Mais quoi qu'il arrive vous ne pourrez jamais être totalement sûre.

Constance relève les yeux et regarde son amie avec un étonnement non feint.

– Vous n'aimez pas mon frère ? lui demande-t-elle.

Émilie se met à rire.

– Bien sûr que si, je l'aime. Mais cela ne m'empêche pas de douter aussi parfois. Il n'est jamais évident de prendre une décision qui nous engage pour toute la vie. Je suis sûre que sœur Marie-Agnès était également paralysée de peur quelques jours avant de prononcer ses vœux religieux.

Constance hoche la tête.

– Et pourtant, vous ne mettez pas en doute sa foi dans le Seigneur, poursuit Émilie.

– Certainement pas, non !

– Quel que soit le choix que vous ferez, vous ne pourrez jamais être totalement sûre de ne pas vous tromper. Alors, au moment venu, il faudra vous lancer et faire confiance, vous abandonner à la grâce…

Constance regarde son amie avec une certaine émotion. Quel chemin parcouru depuis qu'elles se connaissent ! Lorsqu'elles s'étaient rencontrées pour la première fois, Émilie était toute pétrie des idées de son père qui ne faisait confiance qu'à la raison et à la science. Dieu ne faisait pas partie de son vocabulaire, encore moins de sa vie. Il était inimaginable alors de l'entendre parler ainsi.

– Pardonnez-moi d'avoir été aussi franche, dit Émilie après un long silence. C'est que je n'aime pas vous voir ainsi préoccupée. Je voudrais que vous soyez heureuse vous aussi.

– M'aiderez-vous ? lui demande Constance avec simplicité.

– Si je le peux, oui. Mais je ne pourrai jamais choisir à votre place.

– En revanche je peux compter sur vous pour me présenter de beaux jeunes hommes, rétorque Constance avec humour.

Les deux jeunes filles se taisent un moment comme pour savourer leur amitié.

– Si nous lisions ces mémoires ? lance alors Constance pour changer de sujet.

Émilie ne demande pas mieux. Elle attrape le gros livre sur son lit, détache le ruban bleu et fait tourner les pages entre ses doigts. Elle reconnaît immédiatement la petite écriture nerveuse d'Élisabeth qui court à toute vitesse sur des dizaines de pages. La jeune sœur Espérance semble toujours aussi bavarde et dynamique.

Le 21 février 1804

Voilà dix jours déjà que nous sommes sur la route et il me semble que nous n'arriverons jamais. Ce n'est pourtant pas le premier long voyage que je fais. La traversée jusqu'au Canada était autrement plus éprouvante et dangereuse. Néanmoins, sur un bateau, je pouvais bouger tout à mon aise. J'avais de l'espace pour déambuler quand des fourmis me venaient dans les jambes. Je pouvais m'évader en regardant l'horizon ou rêver en observant les oiseaux qui voletaient autour de nous. J'avais surtout la précieuse compagnie de mon amie Gabrielle dont la gaieté et la gentillesse me faisaient voir les heures plus courtes qu'elles ne l'étaient en réalité. Cette fois-ci les choses sont tout à fait différentes. L'espace confiné de la voiture dans laquelle nous voyageons m'oppresse parfois. Les fenêtres en sont si étroites qu'il est difficile d'apercevoir le paysage. Pour regarder au-dehors, il faut se pencher tout à fait, presque en équilibre sur le rebord de la banquette. La position est inconfortable et périlleuse. Au moindre cahot de la voiture – et Dieu sait s'ils sont nombreux – je manque de m'écraser le nez dans les genoux de mes compagnons de voyage. Sans compter que, ainsi placée, j'obstrue complètement la fenêtre, plongeant notre véhicule dans une quasi-pénombre. La plupart du temps je dois donc me

contenter de quelques éclats de lumière ou de verdure aperçus à la dérobée.
Il faut néanmoins reconnaître une chose : nous perdons le moins de temps possible. Nous sommes une quarantaine à voyager ainsi et nous n'avons eu que très peu de désagréments jusqu'à maintenant. Deux hommes précèdent sans cesse notre convoi pour faciliter notre voyage. Ils veillent entre autres à ce que les auberges soient suffisamment grandes et accueillantes pour nous tous. Ce sont deux Russes envoyés par le tsar Alexandre Ier lui-même. Il tient à ce que le nouveau compositeur de sa cour et ses musiciens voyagent dans les meilleures conditions.

Nous sommes six dans notre voiture. Je ne voyage pas, hélas, avec Paulin. Au moins aurions-nous pu partager nos souvenirs de marins ou nous raconter nos vies depuis notre rencontre. Il s'est passé tant de choses. Paulin persiste à me dire que sa vie a été triste et monotone, mais je suis sûre qu'en le forçant à chercher il trouvera quelques souvenirs heureux dans ses dernières années. Quant à moi, ma vie est loin d'avoir été terne, et je pense que je n'aurais pas eu assez de nos longues heures de route pour la lui conter tout entière.
Trois de nos compagnons de voyage sont si peu bavards que je peine encore à me souvenir de leur nom. Ils ne disent presque rien, se contentant de somnoler la plupart du temps. C'est un vrai pensum pour moi de ne pouvoir discuter avec eux. J'ai besoin de bavarder afin de ne pas voir passer le temps. J'ai fait quelques tentatives mais toujours sans succès. J'ai testé toutes sortes de sujets de

conversation passionnants sans jamais susciter la moindre réaction en face de moi. En désespoir de cause, j'ai abandonné et je me parle à moi-même ou je fais ma prière.
Le quatrième passager de notre voiture est une femme : Henriette. Elle connaît maître Boieldieu depuis toujours. Elle était sa nourrice et lui a noué ses premiers langes. À la mort des parents du maître, Henriette a naturellement suivi Boieldieu pour s'occuper de sa maison puis de ses enfants. Mais François Adrien Boieldieu part en Russie sans sa femme, avec laquelle il ne s'entend plus, et sans ses enfants. La pauvre Henriette est désespérée de cette situation. Séparée de ceux qu'elle appelle « mes petits », elle reporte donc toute son affection sur Maria. La fillette ne s'en plaint pas, bien au contraire. Elle est l'objet de toutes les attentions de la vieille nourrice. Cette dernière la fait jouer avec de petits cailloux ou lui montre comment broder. Elle la coiffe indéfiniment, lui confectionne des marionnettes avec de petits morceaux de tissu ou lui raconte des histoires qui lui viennent de sa jeunesse. Maria raffole de ces histoires si différentes de toutes celles qu'elle a entendues jusqu'à maintenant. Celles que lui racontaient ses parents ne leur ressemblent pas, m'a-t-elle confié en secret, car je lui ai recommandé de ne pas dire qu'elle était russe. Souvent, lorsque la route est particulièrement éprouvante, Henriette sort de sous ses jupons une petite friandise récupérée à l'auberge. C'est un fruit sec ou bien une pâte d'amande dans lesquels Maria croque avec délice.

Maître Boieldieu me demande parfois dans sa voiture pour lui servir de secrétaire. Il compose en ce moment un nouvel opéra et je suis chargée d'écrire sous sa dictée. J'ignore l'air qu'il imagine pour son œuvre. Il se charge lui-même de l'écriture des notes sur la partition. En revanche, je découvre avec joie les dialogues et répliques qu'il invente. Je savais déjà que ses opéras remportaient un vif succès. À le voir travailler ainsi, cela ne me surprend guère. Ses textes sont simples mais beaux, poétiques et pleins de finesse. J'aime ces moments où je peux travailler et me rendre utile. Il n'est rien qui me pèse plus que de rester sans rien faire.

Lorsque je me désespère de ce trajet qui n'en finit pas, je repense à Gabrielle et j'essaye d'imaginer ce qu'elle en aurait dit, comment elle l'aurait rendu agréable et joyeux. Alors il me revient toujours la même idée : la route est longue en effet mais elle est sûre. À nous déplacer ainsi, aussi nombreux, nous ne risquons presque rien. Au pire une voiture brisera-t-elle l'une de ses roues sur le bord du chemin. C'est bien peu au regard de tous les dangers que nous aurions sans doute dû braver si nous n'étions parties que toutes les deux, Maria et moi. Mes retrouvailles avec Paulin ne sont pas fortuites, j'en suis persuadée. J'y vois la marque de la Divine Providence. Savoir cela suffit à me réconforter et à me redonner le sourire.

Le 26 février 1804

Maria dort paisiblement à mes côtés. Elle ne comprend pas bien ce qui nous a pressées à quitter l'Espérance ni ce qui nous pousse aujourd'hui à retourner en Russie. Je n'ai pas osé lui parler des deux hommes venus la chercher à l'Espérance. À quoi bon l'inquiéter ? Elle me fait confiance et ne voit dans ce nouveau voyage qu'une belle aventure qui lui permettra de retrouver son pays tant aimé. Son optimisme et sa joie de vivre me rappellent mon amie Gabrielle. Maria a le même regard sur les choses.

En la voyant ainsi, si belle et si fragile, je me demande ce qui a pu pousser ses parents à fuir leur pays et à l'abandonner chez nous. Le danger devait être immense pour qu'ils prennent la décision déchirante de se séparer de leur enfant. Je ne peux m'empêcher d'imaginer ce qui s'est réellement passé. S'agit-il d'une dette non remboursée à laquelle son père voudrait échapper ? Est-il un officier de l'armée fuyant son commandement et ses responsabilités ? A-t-il participé à un duel qui aurait mal tourné ?

J'ignore tout de l'histoire de cette fillette. La seule chose dont je suis certaine c'est qu'elle ne devait pas tomber entre les mains de ces deux hommes qui la recherchaient. Lorsque je doute du bien-fondé de notre présence ici, il me suffit de repenser à eux et à la menace qu'ils représentaient.

IX

Vladimir Gorovitch ne trouve pas le sommeil. Son flair lui dit qu'il tient une piste et cela l'excite tant qu'il lui est impossible de fermer l'œil. Et dire que ses supérieurs lui ont ordonné d'abandonner ! C'était mal le connaître. Comment osaient-ils lui demander une telle chose après des mois d'enquête minutieuse sans presque jamais retourner chez lui ?

Pendant un temps infini, il avait épié les membres de la famille Rochenkovski dans l'espoir qu'ils se trahiraient. Des jours durant, il avait guetté le moment le plus propice pour inspecter leur maison et fouiller dans leurs tiroirs. Il avait étudié leurs faits et gestes, interrogé leurs proches, analysé leurs emplois du temps. Jour et nuit Vladimir Gorovitch était resté focalisé sur sa mission avec une détermination peu courante. Il n'était donc pas disposé à abandonner si près du but. Il sentait que le vent allait enfin tourner pour lui et il ne s'était pas trompé.

Lorsqu'il avait entendu Dimitri Rochenkovski parler de La Rochelle, il s'était félicité de ne pas l'avoir lâché d'une semelle.

D'ordinaire les jeunes Russes qui partaient voyager en France optaient pour des destinations plus riantes : la Côte d'Azur ou bien Paris. Dimitri, lui, avait fait route vers La Rochelle. Cette destination si peu courante était suspecte à elle seule et Vladimir Gorovitch était bien décidé à rapporter à ses chefs les preuves qu'il cherchait depuis des mois, sans succès. Enfin alors ils reconnaîtraient ses qualités et ne le traiteraient plus avec mépris. Ils le respecteraient. Mieux encore, ils le feraient monter en grade. Chef ! Vladimir Gorovitch en rêvait…

Assis à la petite table posée à côté de son lit, l'homme aux gros favoris roux nettoie son couteau avec un soin presque maniaque. Il ne s'en sépare jamais et le seul contact de sa lame raide et froide le long de sa jambe suffit à le rassurer. Soudain, Vladimir Gorovitch se lève et lance son poignard vers le mur de la minuscule pièce. La lame se plante dans un bruit sourd, déclenchant les grognements apeurés des cochons parqués juste derrière la mince cloison.

Vladimir Gorovitch s'est logé comme il a pu quand il a découvert la destination finale de Dimitri. Comme il n'était pas question de se présenter directement à l'orphelinat, il avait été demander l'hospitalité aux environs de l'Espérance. La plupart des fermiers lui avaient refermé la porte au nez, prétextant des malades ou un manque de place. En réalité, beaucoup considéraient avec méfiance l'arrivée de cet homme à l'allure étrange. N'était-il pas suspect de voir un Russe visiblement bien nanti chercher à se loger à la campagne sans aucune raison, quand il y avait à La Rochelle quantité d'hôtels luxueux et confortables ? Le seul fermier a lui avoir finalement ouvert sa maison l'avait fait à cause de la grosse pièce d'or que Vladimir avait glissée dans sa main. Il avait vite regretté son argent. La bâtisse était basse de plafond et mal entretenue. Les cochons qui vivaient dans les appentis attenants au bâtiment principal sentaient si fort que le policier devait garder un mouchoir noué sur le nez.

Vladimir Gorovitch se couche finalement tout habillé sur le lit étroit et dur que lui a donné le fermier. Il doit absolument essayer de dormir s'il veut être efficace demain. Il ne s'agirait pas de laisser s'échapper le jeune Rochenkovski.

Le 1er mars 1804

Je me surprends à dévisager les hommes avec une attention qui m'est peu habituelle. Je traque la moustache suspecte et dès que j'en aperçois une, je frémis à l'idée que cela soit l'un des hommes qui nous recherchent.

Je n'avais jusqu'alors prêté que peu d'attention à l'allure des hommes de mon époque, et force est de constater que la moustache est à la mode. Le contraste avec le monde iroquois que j'ai fréquenté pendant des années est immense. Les Indiens ont très peu de poils sur le visage et leur seule coquetterie réside dans leurs longs cheveux noirs qu'ils nattent avec des plumes, ou dans les peintures dont ils s'ornent le visage et tout le corps. Les hommes qui m'entourent en revanche, s'ils ont les cheveux courts pour la plupart, arborent des moustaches toutes plus étudiées les unes que les autres. Fines ou tombantes, fournies ou lissées, recourbées ou broussailleuses, il y en a de toute sorte et je m'inquiète un peu dès que j'en vois poindre une à l'horizon. Certains la portent avec une élégance rare même si j'avoue préférer les visages rasés de près.

J'adopte un ton résolument badin pour aborder cette petite page de mode mais c'est pour mieux dissimuler l'inquiétude qui s'est emparée de moi il y a deux jours. J'ai cru apercevoir en effet la moustache châtain de l'homme venu à l'Espérance, en entrant dans l'auberge qui nous était réservée. Mon cœur s'est arrêté de battre et ma pâleur soudaine a inquiété Paulin et Henriette. Ce n'était qu'une fausse alerte, fort heureusement. L'homme n'avait pas les dents écartées sur le devant, ainsi que me l'avait décrit Charlotte. Je pouvais être rassurée. Néanmoins ce rapide épisode m'a donné une leçon : je ne suis en sécurité nulle part et je ne dois surtout pas relâcher ma vigilance. Depuis, j'observe du coin de l'œil tous ceux que nous croisons en espérant toujours ne reconnaître personne.

Le 2 mars 1804

Il y a deux jours, j'ai partagé mon repas avec les deux Russes qui précèdent notre convoi depuis le commencement de notre voyage. Ils soupaient à ma table et je me suis empressée d'assouvir ma curiosité sur la Russie en les abreuvant de questions. Ils ont été fort aimables et ont répondu avec une infinie patience à chacune de mes interrogations. Je crois que mon empressement à découvrir leur pays les flattait.

Ils ont dépeint pour moi les paysages de Russie, la somptueuse ville de Saint-Pétersbourg, la vie à la cour et l'histoire de la famille impériale russe. En les écoutant parler j'imaginais sans peine le faste des soirées à la cour, les hommes en tenues d'officiers, les femmes dans leurs plus beaux atours. Grâce à maître Boieldieu j'aurai la chance de goûter un peu à toutes ces merveilles. Nous donnerons des concerts et des opéras devant les plus grands du pays, devant le tsar lui-même !

Le tsar Alexandre Ier a accédé au pouvoir en 1801 alors que j'étais encore au Canada. Son couronnement s'est fait dans la précipitation et le désordre : son père Paul Ier avait été assassiné quelques jours auparavant. J'ignorais cela. Les nouvelles d'Europe arrivaient difficilement jusqu'au petit village iroquois où j'étais institutrice. Personne ne sait vraiment dans quelles conditions exactes le père du tsar est mort mais beaucoup soupçonnent le souverain actuel d'en être le responsable d'une manière ou d'une autre. Sa mère en particulier. Une année durant elle a refusé de lui parler, montrant ainsi qu'elle n'était pas dupe. Depuis, elle lui mène la vie dure et le poursuit de ses reproches. Empêchée de s'en prendre directement à son propre fils, elle a retourné son chagrin et sa haine vers tous ceux qui ont participé de près ou de loin à l'assassinat de son époux. L'impératrice douairière s'est fait la promesse de tous les retrouver et les condamner. Il paraît qu'elle a envoyé des hommes à travers tout le pays et toute l'Europe pour poursuivre les criminels.

X

Tandis que Constance et Émilie assistent à la messe du matin dans la petite chapelle de l'orphelinat, quelqu'un frappe à la porte du château. Sœur Cécile, l'autre religieuse chargée avec sœur Marie-Agnès d'accueillir les visiteurs, se presse d'un pas silencieux pour ouvrir. Le facteur la salue avec un large sourire.

– Bonjour C'ilou !

La toute jeune religieuse rougit légèrement.

– Monsieur Pierrot ! lui dit-elle sur un ton de léger reproche. Quand donc allez-vous vous résoudre à m'appeler sœur Cécile comme les autres ?

Le vieux monsieur se gratte la tête avec embarras.

– C'est que j't'avons connue si pitchoune. J'arrivons pas à m'faire à cet habit et à c'te cornette.

Sœur Cécile lui sourit tendrement.

– Trouvez-vous que cela me va si mal ? l'interroge-t-elle.

– Oh dame non ! Et t'as même l'air très heureuse. Mais c'est que l'bon Dieu exagère !

– Pourquoi donc ?

– On dirait qu'y s'garde toutes les jolies filles d'la campagne !

La petite religieuse éclate de rire.

– Savez-vous qu'il y a dans un couvent autant de jolies filles que de laides, comme partout ailleurs ?

Le facteur bougonne.

– Que m'apportez-vous aujourd'hui ? lui demande alors sœur Cécile pour passer à autre chose.

– Pas grand-chose, se lamente le facteur en fouillant dans sa sacoche. Dame, c'est-y qu'vos jeunes pensionnaires ne r'çoivent pas beaucoup d'courrier.

Le père Pierrot parle avec son cœur. Sa simplicité lui fait dire parfois des maladresses qui prêtent à sourire.

– Voyons, monsieur Pierrot. Si ces enfants recevaient du courrier, ils ne seraient pas chez nous, répond la jeune fille. Hélas, ils n'ont plus de famille.

– Oh les malheureux ! grogne le facteur.

Il sort enfin de sa besace le journal du jour plié et une ou deux lettres adressées aux religieuses de l'Espérance.

– C'est-y pour quoi faire le journal ? demande-t-il comme à chaque fois.

Sœur Cécile attrape le courrier et sourit en répétant avec la même patience.

– Pour savoir ce qu'il se passe en France et dans le monde.

Le brave homme hausse les épaules.

– Aille donc ! Même moi j'avons pas b'soin d'savoir c'qui s'passe ailleurs. Alors vous !

– Nous prions pour nos pensionnaires, nos voisins et tous les hommes, répond sœur Cécile. Ce n'est pas parce que nous vivons enfermées ici que nous sommes coupées du monde.

– Aille donc ! répète le facteur sans comprendre.

Il regarde la jeune fille qui jouait jadis avec ses propres enfants à la ferme et dont le visage irradie de bonheur.

– Mais t'as l'air si heureuse, marmonne-t-il en la saluant de la main et en faisant demi-tour.

Quelques mètres plus loin, le facteur croise Dimitri fraîchement réveillé qui se dirige avec bonne humeur vers l'orphelinat.

– Adieu ! le salue monsieur Pierrot. N'allez pas là-d'dans. Y'a personne à marier ! plaisante-t-il.

Dimitri, que le fort accent du bonhomme déconcerte quelque peu, se contente de lui rendre son salut d'un geste de la main. Puis il poursuit son chemin vers le pensionnat. Lorsque sœur Cécile lui ouvre enfin, elle tient toujours à la main le courrier du château. Le jeune homme remarque aussitôt le journal.

– Vous recevez le journal ? demande-t-il étonné.

La petite religieuse s'apprête à lui faire la même réponse qu'au vieux Pierrot mais Dimitri ne lui en laisse pas le temps :

– Me permettez-vous d'y jeter un œil ? J'aime me tenir au courant de ce qu'il se passe.

Sœur Cécile hésite un instant. D'ordinaire, seule la mère supérieure a le droit de lire le journal. Elle le consulte, relève les articles qui lui paraissent les plus intéressants puis en fait la lecture à ses sœurs. Cependant à cette heure-ci, mère Marguerite Marie est à l'office.

– Tenez, dit finalement sœur Cécile en tendant le journal à Dimitri. Mais rendez-le-moi tout à l'heure.

Le jeune Russe la remercie et s'empare du journal. Il pénètre alors dans la plus grande pièce du château et s'assoit dans un fauteuil confortable pour lire. Lorsqu'il découvre un entrefilet sur son pays, il sourit. Il est bon d'entendre parler de chez soi lorsque l'on est loin.

DES PREUVES POST MORTEM

LA FAMILLE IMPÉRIALE RUSSE POURSUIT SON LENT TRAVAIL DE RECHERCHE DE LA VÉRITÉ À PROPOS D'ALEXANDRE IER, GRAND-ONCLE DE L'ACTUEL TSAR ALEXANDRE III. CE DERNIER A EN EFFET DÉCIDÉ DE FAIRE OUVRIR LE CERCUEIL DE SON AÏEUL AFIN DE DISSIPER LE MYSTÈRE QUI ENTOURE SA MORT. EST-IL BIEN DÉCÉDÉ EN 1825 COMME BEAUCOUP LE SOUTIENNENT OU A-T-IL ORGANISÉ SA DISPARITION AFIN DE SE RETIRER DE LA VIE POLITIQUE ET DE SE GLISSER DANS LA PEAU D'UN AUTRE ? L'OUVERTURE DE SON CERCUEIL PERMETTRA SANS DOUTE DE METTRE FIN AUX INTERROGATIONS ET AUX RUMEURS SELON LESQUELLES ALEXANDRE IER SERAIT RÉAPPARU SOUS LES TRAITS D'UN MENDIANT, DES ANNÉES APRÈS SA MORT.

Le 8 mars 1804

Nous arrivons dans deux jours à Saint-Pétersbourg. Depuis une semaine, le rythme de notre voyage a ralenti. Maître Boieldieu a décidé de faire une surprise au tsar Alexandre Ier et il lui faut un peu de temps pour la mettre en place. Il a demandé que nous nous arrêtions chaque jour plus tôt pour permettre à ses musiciens et à ses chanteurs de répéter la petite pièce qu'il a composée pour l'occasion.

J'assiste aux répétitions avec un réel plaisir. Il est formidable de voir comme, à partir de seulement quelques notes écrites sur du papier, il est possible d'obtenir une musique délicieuse. Maria participera au spectacle et je la regarde travailler sa voix avec admiration. Elle y met beaucoup de cœur et de concentration comme le ferait une grande artiste. Depuis une semaine, elle lance des trilles dans la voiture tout au long de la journée et prend garde à ne surtout pas s'enrhumer. Plus nous approchons de la Russie plus le froid devient mordant en effet. Depuis mon séjour au Canada les basses températures ne me font plus souffrir et j'ai appris à bien me couvrir pour ne pas grelotter. Mais la plupart de mes compagnons de voyage n'ont pas mon expérience et j'en vois certains qui gèlent malgré les bouillottes que nous glissons sous nos pieds pour nous réchauffer dans les voitures. J'ai montré à Maria comment s'emmailloter dans le long châle en laine beige que Charlotte m'a donné avant mon départ. Henriette de son côté veille sur la gorge de ma petite protégée avec un soin tout particulier. Elle a trouvé un moyen pour avoir toujours sur elle de l'eau bien chaude dans laquelle elle fait infuser quelques plantes et une grosse cuillerée de miel.

Je me suis amusée à imaginer pour la représentation des costumes que je trouve plutôt réussis. En fouillant avec moi dans les malles de tissus et d'accessoires, Maria a trouvé une perruque qui la ravit. Depuis, elle ne la quitte plus, tant et si bien que j'ai été contrainte de lui enjoindre de la retirer la nuit au moins. Rester ainsi avec une perruque tout le temps n'est pas bon pour les cheveux naturels. Combien de coquettes à Versailles n'avaient plus que quelques cheveux fins et cassants sous leurs pyramides de boucles poudrées ? Avec ce postiche, j'ai parfois moi-même du mal à reconnaître Maria. Elle est très blonde tandis que cette perruque est brune. Les cheveux y sont retenus sur le haut de la tête avec un ruban et retombent en boucles autour du visage. Elle fait ressortir ses yeux verts d'une façon tout à fait extraordinaire et la vieillit étrangement. On lui donnerait facilement douze ou treize ans alors qu'elle en a à peine dix. Tout le monde ne cesse ici de lui répéter qu'elle est fort belle. Maria est coquette comme souvent les petites filles de son âge.
J'aime la voir si insouciante et heureuse. Puisse-t-elle le rester encore longtemps.

Comme nos trajets sont moins longs, j'ai davantage le loisir de discuter avec les deux Russes qui nous conduisent. Leur compagnie est passionnante. La Russie m'attire plus que je n'oserais l'avouer. Tout ce que j'en découvre me fascine et je me surprends parfois à regretter que notre voyage ne s'étire davantage.

J'en sais désormais un peu plus sur la mort du tsar Paul Ier. D'aucuns disent qu'il était un mauvais empereur et que son fils et ses proches fomentaient un coup d'État. Le 23 mars 1801, des hommes devaient pénétrer dans ses appartements, l'enlever et le forcer à abdiquer en faveur de son fils Alexandre. Ce dernier était au courant mais il avait fait promettre aux conspirateurs de ne faire aucun mal à son père et de le garder en résidence surveillée jusqu'à la fin de ses jours. Hélas, les choses ne se sont pas passées aussi simplement et Paul Ier a trouvé la mort ce soir-là. Il est plaisant de voir mes deux amis russes me raconter chacun leur version des faits. L'un dit qu'il s'agit d'un accident. L'autre pense que tout était prévu. L'un certifie qu'Alexandre ne se doutait de rien. L'autre pense qu'il était au courant depuis le début. La discussion sur ce point est vive et animée. Dans ces moments, mes interlocuteurs roulent les r avec force et en oublient qu'ils sont en présence de Français. Ils se chamaillent en mêlant des injonctions russes à leur discours. J'en profite pour saisir quelques expressions au passage mais je doute qu'il s'agisse là du langage le plus châtié qui soit. Quoi qu'il en soit, l'un et l'autre sont d'accord sur un point : Alexandre Ier est rongé par le remords depuis. Il semble vivre avec le poids de la responsabilité de l'assassinat de son père sur les épaules.

Saint-Pétersbourg, le 11 mars 1804

Nous sommes arrivés hier à Saint-Pétersbourg et il me semble que je n'aurai pas assez de toute une vie pour découvrir toutes les merveilles de cette ville. C'est somptueux ! Les rives de la Neva, le large fleuve qui traverse la ville, sont bordées de nombreux palais dont le plus impressionnant est sans conteste le palais d'hiver où réside la famille impériale. Je doute de parvenir un jour à en compter toutes les fenêtres !

Les façades des palais sont peintes dans des tons pastel qui égayent la ville. Celles du château du tsar sont vert pâle. Des fontaines crachent de l'eau et scintillent dans le soleil. Par endroits, des canaux remplacent les rues. Il paraît que Saint-Pétersbourg fut bâti sur un marais et que les maisons sont construites sur pilotis. Les places sont gigantesques et plantées d'arbres. Des bateaux vont et viennent sur la Neva, avec leurs voiles déployées. On dirait de grands oiseaux qui traversent la ville.

Quand le tsar Alexandre Ier n'est pas en campagne militaire, il partage son temps entre le palais d'hiver et un autre plus modeste à Tsarskoie Selo, à plusieurs lieues d'ici. Mais en ce moment, le souverain se trouve à Saint-Pétersbourg. C'est là qu'il a invité maître Boieldieu et sa troupe à venir séjourner également. Le palais est si grand que nous pouvons tous y loger sans aucun souci.

Je n'ai fait qu'apercevoir le tsar le jour de notre installation. Il est venu en personne accueillir maître Boieldieu, le nouveau compositeur de la cour. Il est assez grand, élancé et très blond. Même de loin, il semble se dégager de lui comme une aura, une autorité naturelle qui fait paraître celui qui le côtoie plus petit quand bien même il serait plus grand.

J'ignore si je pourrai l'approcher un jour ni même lui parler. Je ne sais pas encore si l'étiquette est aussi stricte en Russie qu'elle l'était en France. En tout cas, il viendra à coup sûr à la représentation que nous donnons demain soir pour le remercier de son accueil. Avec un peu de chance, je pourrai mieux l'apercevoir et me faire ma propre opinion sur lui. Tout le monde dit ici qu'il est un grand empereur.

J'ai repéré près de l'endroit où nous logeons une petite chapelle ravissante où je serai heureuse de venir prier un peu chaque jour. Ses murs sont tapissés d'icônes dans des cadres dorés. On m'avait très souvent déjà vanté la maîtrise des artistes russes dans le domaine de l'art religieux. C'était très en deçà de la réalité. Chaque tableau est une merveille de raffinement. Quand je repense à nos églises où presque tous les objets de culte ont été détruits durant la Révolution, mon cœur se serre. J'espère qu'il n'arrivera jamais à ces icônes pareil sort.

Maria a retrouvé avec émotion la ville de sa petite enfance. Elle ne se souvenait pas de tout mais gardait une impression de grandiose et de beau. Le plus difficile reste de l'empêcher d'exprimer tout haut sa joie et son excitation. Je préfère pour le moment que personne ne sache qu'elle est déjà venue ici. Bientôt je partirai à la recherche de sa famille, mais j'ai besoin pour cela de connaître un peu mieux ce nouveau monde qui m'entoure et de découvrir à qui je peux accorder ma confiance.

XI

Constance et Émilie entrent dans le salon en grande discussion. En sortant de la messe, Émilie a commencé de raconter à Constance ce qu'elle a lu dans les mémoires d'Élisabeth. Tout ceci passionne tant les deux jeunes filles qu'elles ne remarquent absolument pas la présence de Dimitri. Ce n'est qu'après de longues minutes que le jeune homme tousse enfin, un peu gêné d'être le témoin inopiné de cette conversation. Émilie sursaute en le découvrant dans son fauteuil. Il tient encore à la main le journal qu'il a décortiqué dans le moindre détail.

– Vous étiez là ? s'étonne la jeune fille.

– Mmm ! acquiesce Dimitri.

– Nous ne vous avions pas vu ! s'excuse Constance.

– Nous parlions de votre arrière-grand-mère, lance alors Émilie.

– C'est ce que j'ai cru comprendre à vous entendre.

– J'ai parcouru tous ses mémoires hier soir.

– Entièrement ?

– Oui. Je craignais trop que vous ne repartiez avec aujourd'hui sans que j'aie pu les lire totalement, répond Émilie avec franchise.

– Mon arrière-grand-mère vous passionne donc tant ?

– Plus encore ! s'enflamme Émilie. Imaginez-vous qu'une même personne ait pu faire la classe à des Iroquois au Canada, dormir sur des peaux de bêtes, manger avec ses doigts, puis côtoyer le tsar Alexandre Ier de Russie quelques années plus tard ?

En entendant le nom du monarque, Dimitri brandit le journal en direction d'Émilie.

– Je viens justement de lire quelque chose à propos de ce dernier.

– Dans le journal ? s'étonne Émilie.

– C'est la seule chose que j'aie pu y trouver sur mon pays.

– Mais Alexandre Ier est mort depuis fort longtemps.

– Justement, nous n'en sommes pas certains.

Émilie s'assoit spontanément dans le fauteuil qui fait face au jeune homme pour l'écouter. Constance se tient plus en retrait mais ne perd pas une miette de la conversation. Elle en profite pour observer le Russe à la dérobée. Depuis qu'elle est entrée dans le salon, il ne lui a pas jeté le moindre regard. Émilie s'est trompée. Il ne s'intéresse pas du tout à elle. Constance en ressent comme un soulagement.

– Le tsar est officiellement mort en 1825, à Taganrog, loin de Saint-Pétersbourg et de la cour, commence Dimitri. Pourtant un doute plane sur son décès. Certains se sont étonnés qu'un homme aussi robuste que lui tombe si soudainement malade et ne s'en relève pas. Alexandre Ier avait été si peu souvent souffrant durant son existence que cela a paru suspect.

– Il n'est pas le premier qui serait mort d'un mal violent, note Constance qui ne peut s'empêcher de participer à la discussion.

Dimitri relève les yeux et lui sourit.

– Vous avez raison. Mais ce qui est très étrange c'est que certains ne l'ont pas reconnu sur son lit de mort. « Ce n'est pas l'empereur ! » se sont-ils écriés.

Émilie et Constance sont suspendues aux lèvres de Dimitri.

– Les embaumeurs vous diront qu'il est fréquent qu'un homme mort et préparé pour la tombe paraisse changé. Cela ne faisait pourtant qu'ajouter au mystère. D'autant que l'empereur avait déjà dit plusieurs fois qu'il souhaitait abdiquer et disparaître pour laisser la place à son frère.

Émilie se redresse.

– J'ai lu cela dans les mémoires d'Élisabeth !

Constance s'assoit à son tour pour questionner le jeune homme :

– Si le tsar n'est pas réellement mort, où est-il allé ?

– C'est justement là que les faits continuent d'être troublants. Des hommes et des femmes disent l'avoir revu, des années plus tard.

Au moment où Dimitri a définitivement capté l'attention de son auditoire, la porte du grand salon s'ouvre soudainement. Piotr entre, l'air inquiet.

– Je vous cherchais, Dimitri Vassilovitch ! s'exclame-t-il.

Dimitri fronce les sourcils, contrarié d'être dérangé ainsi en pleine conversation.

– Qu'y a-t-il donc ? demande-t-il d'une voix tranchante.

Le domestique regarde les deux jeunes filles assises dans la pièce et fait la moue.

– Parle ! le presse son maître. Je n'ai rien à cacher.

– Je pense que nous sommes suivis, marmonne Piotr entre ses dents pour ne pas être entendu d'Émilie et de Constance.

– Que dis-tu ? s'agace Dimitri.

– Je pense que nous sommes suivis, reprend Piotr un peu plus haut.

Puis il répète la même phrase très distinctement, en russe cette fois-ci.

Dimitri s'assombrit.

– Que me chantes-tu là ?

Mais Piotr ne semble pas plaisanter du tout. Dimitri connaît le calme habituel de son domestique. S'il réagit ainsi, c'est qu'il se passe réellement quelque chose.

– Pardonnez-moi, s'excuse-t-il auprès des deux jeunes filles. Je reviens.

Il sort alors précipitamment de la pièce, Piotr sur ses talons.

Saint-Pétersbourg, le 12 mars 1804

La petite représentation que nous réservions au tsar a eu lieu. Ce fut un vrai succès. Avec sa perruque brune et son costume de scène, Maria était méconnaissable et divine. Sa voix a ému aux larmes plusieurs spectateurs.
Le public était restreint pour cette première représentation. Il s'agissait des intimes du tsar, de ses plus proches amis et collaborateurs. Alexandre Ier était là, bien entendu. J'ai pu l'observer tout à mon aise car je me dissimulais derrière un paravent non loin de lui. C'est là que nous préparions les acteurs et chanteurs à entrer en scène.
J'ai noté la même prestance que la dernière fois. Mais il ne paraît pas abuser de son autorité. Il semble plutôt aimable et souriant, même si son regard reste toujours triste.
La tsarine Élisabeth Alexeïevna était assise à ses côtés. C'est une femme très belle, grande. Elle a de beaux yeux bleus, une bouche petite et rouge et le visage fin entouré de boucles châtain. Elle avait posé dans ses cheveux un bandeau de grosses perles qui s'accordait parfaitement avec son collier, de perles lui aussi. Elle portait un léger manteau d'intérieur en soie pourpre. Je n'en avais jamais vu d'aussi ravissant. Elle forme avec le tsar un couple impérial d'une grande élégance.

Face à ce public, j'ai réalisé soudain combien il était dangereux d'exposer Maria ainsi. Debout sur la scène, elle est offerte à la vue de tous et il n'est pas exclu que quelqu'un en vienne à reconnaître ses traits. Ses parents ne fréquentaient-ils pas la cour eux aussi ? Je ne peux malheureusement pas l'empêcher de monter sur scène. Maître Boieldieu ne comprendrait pas. Et s'il apprenait que je me suis servie de lui pour ramener Maria en Russie, il pourrait déclencher un scandale qui ne ferait qu'attirer tous les regards sur nous. Je rends grâce au Ciel que Maria se soit entichée de cette vulgaire perruque brune. Au moins ne peut-on pas la reconnaître facilement...

Saint-Pétersbourg, le 23 mars 1804

Ce matin, je suis allée prier dans la petite chapelle où je passe une heure presque tous les jours. J'aime cette petite église. Tout est si beau, si calme, si lumineux. Elle est bien différente de ces sortes de petits oratoires que l'on trouve ici un peu partout. Dans chaque maison ou chaque appartement, un lieu est effectivement réservé aux icônes. Les Russes l'appellent « le coin rouge ». Sans doute est-ce parce que les bougies qui y brûlent presque en permanence lancent sur les murs et les plafonds des reflets rougeoyants ? Les coins rouges sont des endroits souvent un peu confinés où l'on a l'impression d'étouffer entre les murs chargés de dorures et de portraits religieux. À l'inverse, certains sont situés juste à l'entrée des maisons, là où tout le monde passe et repasse. J'aime cette idée de mettre le Seigneur au cœur de la vie familiale, mais l'incessant va-et-vient empêche de se recueillir simplement.

Dans la petite chapelle où j'aime me rendre, il ne vient presque jamais personne et je suis heureuse d'avoir trouvé cet endroit où me ressourcer. C'est là également que je me sens la plus proche de ma sœur Charlotte. Je récite chaque fois la prière que nous avait apprise notre mère et je sais que, à des milliers de lieues de moi, Charlotte la récite elle aussi tous les jours. Cette prière est un lien invisible entre nous, une force qui nous garde unies l'une à l'autre malgré l'éloignement.

Quand je suis entrée ce matin dans la chapelle, quelqu'un était déjà là, sur un banc, face à l'autel. L'homme était abîmé dans sa prière et ne s'est pas rendu compte de ma présence. Il était si ramassé sur lui-même que je ne distinguais même pas sa tête.
Je me suis agenouillée, un peu en retrait, afin de ne pas troubler son recueillement et j'ai commencé à réciter mon chapelet comme chaque jour. Soudain, un bruit inhabituel m'a fait relever les yeux. Il venait du côté de l'homme devant moi. Je n'étais pas sûre d'avoir bien entendu et tendais l'oreille. Un long gémissement envahit alors le silence de la chapelle. L'homme pleurait.
Je suis retournée à mes Ave Maria mais je ne parvenais pas à me détacher de cette plainte sourde qui donnait l'impression d'une douleur intense. Aussi, quand l'homme se redressa enfin et se leva pour quitter la chapelle, je ne pus m'empêcher de regarder qui il était. Je le reconnus aussitôt. C'était le tsar !

Saint-Pétersbourg, le 23 mars 1804, dans la nuit

Le sommeil tarde à venir. Je repense sans cesse au tsar qui pleurait. J'ai découvert dans l'après-midi la raison de sa peine. C'est un 23 mars que l'empereur Paul Ier a été assassiné. Tout le monde au palais sait que cette date-là n'est pas un jour comme les autres. Le tsar reste prostré ou en prière presque toute la journée. Il voudrait pouvoir expier sa faute mais il n'y parvient pas.

XII

– Es-tu sûr de toi ?

C'est la troisième fois que Dimitri pose la même question à son domestique.

– Absolument, déclare Piotr. Je l'avais déjà remarqué dans le train entre Saint-Pétersbourg et Moscou. Et je l'ai revu il y a une heure à peine qui rôdait dans le parc du château.

– Tu auras pu confondre.

Piotr secoue la tête. Des favoris roux aussi fournis n'étaient pas chose commune. Le domestique est sûr de lui. D'autant qu'il lui semble les avoir déjà vus en Russie.

– Des favoris roux, dis-tu ? note Dimitri. Un homme assez grand et corpulent ?

– C'est cela, confirme Piotr étonné que son maître lui fasse une description aussi précise de l'individu.

Dimitri arpente avec nervosité l'allée du jardin où ils se sont réfugiés.

– Je connais l'homme qui correspond à la description que tu me fais, avoue-t-il. Mais il ne devrait pas être là… Je préférerais le savoir resté en Russie.

Piotr se garde bien d'interroger son maître mais sa curiosité n'en est pas moins aiguisée.

– C'est Vladimir Gorovitch, poursuit Dimitri en se tordant les doigts. Il est agent de l'Okhrana.

Piotr réprime un frisson. En Russie, personne ne souhaite avoir affaire à l'Okhrana, la police secrète du tsar. Lorsqu'elle se trouve mêlée à une histoire, il est rare que les protagonistes s'en sortent indemnes. Certains des plus fidèles amis du tsar Alexandre III ont été déportés en Sibérie sur les seules accusations de la sinistre police.

– Savez-vous ce que l'on pourrait vous reprocher ? ose demander Piotr.

Dimitri secoue la tête. Il a beau réfléchir, il ne comprend pas pourquoi le policier continue de le filer.

Plusieurs années après la mort suspecte du tsar Alexandre Ier, un étrange vagabond était apparu en Sibérie. Il disait s'appeler Fiodor Kouzmitch mais nombreux furent ceux qui le côtoyèrent et crurent reconnaître en lui feu le tsar Alexandre Ier. Dès lors, l'affaire aurait pu être rapidement étouffée et Fiodor Kouzmitch oublié. Hélas, l'aura de cet homme était telle que les Russes le révérèrent très vite comme un saint. Tout ce bruit autour de ce personnage gênait fort la famille impériale : elle craignait de voir surgir un jour un fils de ce Fiodor Kouzmitch, qui viendrait revendiquer la couronne. Elle envoya donc ses meilleurs agents – ceux de l'Okhrana –

traquer le moindre indice concernant cet homme. Leur mission consistait à faire disparaître toute preuve permettant de l'identifier clairement. La tâche de la police sur place fut aisée car l'homme avait brûlé tout ce qui était en sa possession juste avant de mourir. Il suffit également de faire taire les plus bavards en les payant grassement ou en les envoyant au bagne. Il n'empêche qu'une poignée d'agents furent laissés sur l'affaire pour continuer de suivre la piste de ceux qui avaient fréquenté de très près Fiodor Kouzmitch. Le grand-père de Dimitri déporté en Sibérie était de ceux-là. Certes il était mort depuis longtemps mais l'Okhrana voulait s'assurer qu'il n'avait rien laissé derrière lui de compromettant concernant Fiodor Kouzmitch. Aussi la police surveillait-elle étroitement ses descendants – Dimitri et sa famille – afin de vérifier qu'ils ne seraient pas tentés de révéler au peuple russe un indice qui leur aurait été communiqué par leur aïeul et prouvant l'identité du vagabond.

Dimitri s'était peu à peu habitué à ces hommes de l'ombre qui ne le quittaient pas d'une semelle. Il les connaissait tous même s'ils multipliaient les efforts pour ne pas être vus. Dernièrement, il avait remarqué une ou deux fois un nouveau policier avec de larges favoris roux qui avait pris la suite des autres. Celui-ci était plus discret et plus prudent.

Néanmoins, la pression populaire ne cessant de croître, la famille royale avait décidé d'abandonner l'idée de réfuter l'identité supposée de Fiodor Kouzmitch. Si cet homme était un saint, autant qu'il soit un ancien empereur ! Elle avait donc rappelé tous ses agents et mis fin à cette vaste enquête nationale.

Du moins, c'est ce que disaient les journaux et ce que laissait penser l'article que Dimitri venait de lire. Car la présence de Vladimir Gorovitch poussait à croire le contraire, et cela n'était pas pour rassurer le jeune homme. En effet, quand le pouvoir commençait à faire l'inverse de ce qu'il proclamait, c'était pour mieux arriver à ses fins, et dès lors tous les coups étaient permis.

Saint-Pétersbourg, le 26 mars 1804

Il était encore là.
Je suis retournée prier ce matin, à la chapelle, et j'y ai retrouvé le tsar agenouillé à la même place qu'il y a trois jours. On le dit fort pieux et je peux affirmer que c'est là la plus stricte vérité. Il ne relève pas une seule fois la tête durant toute son oraison et je suis surprise de voir comme il semble pouvoir faire le vide autour de lui quand il prie. Je l'envie...
J'avoue que je n'arrive guère à me concentrer autant que lui. J'ai bien souvent l'esprit qui voyage à tout-va et, en plus de ma prière, il me vient régulièrement des pensées d'un tout autre registre. Combien de fois n'ai-je pas refait le patron d'un costume dans ma tête, agenouillée sur mon prie-dieu ? Au milieu de mes Ave Maria et Pater noster il m'arrive fréquemment de mêler quelques répliques d'opéra ou bien une recette de cuisine entendue de la bouche d'Henriette. Dans ces moments, quand ma prière s'égare, je me sens piteuse, honteuse même. Mais alors plus je m'oblige à ne me concentrer que sur notre Seigneur et plus je trébuche. Les pensées reviennent au galop, plus fortes et plus sournoises. La seule chose que je puisse faire, c'est rester là, fidèle malgré tout. Le Seigneur me voit, il connaît mes faiblesses et ma difficulté à les combattre. Je lui offre tout cela et je me tiens simplement, devant lui. Dans ces moments-

là, il m'est arrivé alors de me sentir si proche de lui que j'en ai été bouleversée. Je ne suis pas parfaite et c'est pourquoi j'ai besoin de Dieu. C'est justement dans mes innombrables défauts qu'il me rejoint le mieux.

Ce matin, après sa longue prostration, le tsar s'est relevé pour sortir. Lorsqu'il est passé devant moi, il a remarqué ma présence. C'était la deuxième fois que nous nous croisions dans cet endroit. Il m'a souri et il est sorti.

Hier soir, nous avons redonné la petite représentation de maître Boieldieu. L'assemblée était plus nombreuse cette fois-ci. L'empereur avait convié davantage d'invités et j'ai vu défiler sous mes yeux sans doute les plus belles femmes du royaume. La plupart des hommes portaient l'uniforme et, en dehors des nombreuses médailles qui leur barraient la poitrine, il y avait peu de chose qui les distinguât les uns des autres. Les femmes en revanche rivalisaient d'audace et de beauté. La mode est aux robes fluides à la taille marquée juste sous la poitrine. Certaines ont une traîne légère, d'autres pas. Les décolletés sont larges et les manches minuscules et bouffantes. Il semble qu'elles aient été conçues pour dégager les bras que les femmes moulent dans de longs gants de satin. Quelques belles portaient une petite veste courte par-dessus leur robe mais la plupart avaient choisi de se draper dans de longs châles bordés de franges. Les tons sont plutôt pastel en dehors de quelques notes plus vives çà et là sur un bijou remarquable ou un éventail original. En guise de coiffure, les femmes bouclent leurs cheveux au

fer puis les retiennent par des bandeaux de rubans ou de perles d'où elles laissent échapper quelques mèches.
Avec mes robes encore amples et mes cheveux lâches ou ramassés en un chignon natté sur la nuque, je me suis sentie soudain bien laide et insipide. Ces dernières années j'ai consacré fort peu de temps et d'argent à ma toilette. Chez les Iroquois même, je ne portais pratiquement plus de jupons. En été, ils me tenaient trop chaud et les bêtes qui piquaient s'y cachaient trop aisément. Je me rends compte aujourd'hui que je n'ai même pas vu la mode passer. Il faut que je demande à Henriette de me confectionner quelques tenues plus appropriées pour aller dans le palais impérial. Je comprends mieux à présent les regards un peu étonnés de mes compagnes de voyage ou de ceux que je croise ici et là.

J'ai longuement laissé traîner mon regard sur cet océan de parures et d'étoffes hier soir. Je ne me lassais pas d'observer les moindres détails. J'étais si distraite d'ailleurs, que je faillis envoyer sur la scène une chanteuse sans son costume. C'eût été cocasse mais très peu à propos. L'histoire inventée par maître Boieldieu est plutôt triste. Elle parle d'un amour déçu.
Lorsque tous les acteurs sont revenus saluer à la fin, le public leur a fait une longue ovation, puis les invités se sont dispersés les uns après les autres dans un bourdonnement bavard. En passant près de nous, une femme a manqué renverser le paravent derrière lequel je me tenais avec l'autre costumière. Nous l'avons retenu de justesse et la femme s'est excusée poliment. Quand elle m'a regardée, mon

cœur s'est arrêté de battre. Ces yeux ! Je les avais déjà vus quelque part...
C'est Maria qui est venue me tirer de ma rêverie. Elle était fatiguée et souhaitait aller se coucher vite. La vie d'une artiste d'opéra n'est pas ce qui convient le mieux à une enfant de son âge. J'ai promis à la costumière de revenir l'aider au plus tôt et j'ai attrapé la main de Maria pour la conduire à sa chambre, contiguë à la mienne. La petite s'est glissée dans son lit en quelques secondes puis elle m'a regardée en souriant avant de me dire bonne nuit. Alors, j'ai compris : la spectatrice maladroite avait les mêmes yeux qu'elle. Deux émeraudes pures.

Saint-Pétersbourg, le 28 mars 1804

Le père de Maria est un assassin !
J'ai tant de mal à y croire qu'il me faut l'écrire : le père de Maria est un assassin. J'aurais préféré qu'il soit un voleur, un escroc, un joueur, un homme endetté, un menteur... mais un assassin ! Cela ne fait pourtant aucun doute. Son nom est dans la liste « noire » des hommes que l'impératrice douairière poursuit sans relâche parce qu'ils ont participé à l'assassinat de son époux Paul Ier. Je l'ai appris de la bouche même d'un homme de la cour qui me racontait sa version du drame. Il semble en effet que cet épisode ait tant marqué les esprits que tous ceux qui me font découvrir leur pays ne peuvent s'empêcher de l'évoquer, chacun à sa manière et avec son interprétation.
Vadim Polenkovitch, le père de Maria, était au palais du tsar le soir de sa mort. Un garde l'aperçut qui quittait l'endroit juste après le crime. Lorsqu'on l'interrogea, il ne donna aucune explication sur sa présence au palais à une heure où il n'y était pas d'habitude. Et quelques jours plus tard, lorsqu'on vint le chercher pour le juger, il avait disparu avec femme et enfant. Depuis, plus personne n'a de nouvelle de lui, pas même sa famille restée à Saint-Pétersbourg. Cette nouvelle me terrifie autant qu'elle me désespère. Maria devra-t-elle se cacher indéfiniment ? Je comprends mieux maintenant

la valeur qu'elle peut avoir pour ceux qui traquent son père. Quelle formidable monnaie d'échange elle ferait en effet ! Car quel père, assassin ou pas, laisserait prendre son enfant qui n'a rien fait sans réagir et se rendre ?
Ma conscience me tourmente depuis hier : ai-je le droit de cacher cette enfant si cela empêche que justice se fasse ?

XIII

Lorsque Dimitri retourne au salon, Constance et Émilie notent immédiatement sa mine préoccupée qui tranche avec le ton léger qu'il s'efforce de prendre. Mais les deux jeunes filles sont trop bien élevées pour oser lui poser la moindre question à propos d'une affaire qui ne les regarde certainement pas. Elles n'en observent pas moins le jeune Russe avec un intérêt redoublé. L'histoire qu'il a commencé de leur raconter les a passionnées, mais pas tant que de le savoir suivi. C'est plus fort qu'elles : Émilie et Constance ont toujours été attirées par tout ce qui pouvait ressembler de près ou de loin à du mystère. Émilie surtout. Au point même parfois de se mettre en danger. Théophile avait encore du mal à garder son calme lorsque l'on évoquait devant lui les péripéties de sa fiancée aux prises avec deux dangereux chasseurs de trésor. Cet épisode était d'ailleurs ce qui l'avait décidé à l'épouser : il voulait la protéger.

– Où en étions-nous restés ? demande Dimitri en se rasseyant dans son fauteuil.

Les deux jeunes filles ne répondent pas tout de suite et le fixent un instant.

– Oubliez tout cela, lance Dimitri en balayant négligemment l'air avec la main. Mon domestique dramatise tout. Nous parlions du tsar Alexandre Ier, n'est-ce pas ?

Émilie hoche la tête.

– Vous évoquiez une mort suspecte.

– Ah oui ! reprend Dimitri. Je vous disais que certains mettaient en doute la mort du tsar.

Le jeune homme ferme les yeux pour canaliser ses pensées qui s'éparpillent, et poursuit :

– D'autant que plusieurs personnes prétendent avoir revu le tsar des années plus tard. En 1836, un vagabond disant s'appeler Fiodor Kouzmitch est arrêté par la police. Ses manières étonnent. Elles n'ont rien de celles, un peu rustres, des paysans. Il a la peau fine, les mains très soignées. Il parle plusieurs langues et dit avoir connu la cour de Saint-Pétersbourg. Pourtant, malgré un interrogatoire musclé, l'homme continue de dire s'appeler Fiodor Kouzmitch.

– C'est étonnant en effet, relève Émilie.

– Pensez-vous que cet homme puisse être l'empereur ? demande Constance.

– Pour ma part je n'ai pas vraiment d'opinion mais c'est ce que semblent admettre de nombreuses personnes qui l'ont rencontré. Comme il refusait de décliner son identité et de révéler quoi que ce soit sur lui, Fiodor Kouzmitch a été envoyé en Sibérie, à Tomsk. Il a côtoyé là de nombreux prisonniers et habitants qui avaient tous une grande vénération pour lui. Ils parlaient de lui comme d'un saint.

Émilie se redresse dans son fauteuil.

– Tomsk, note-t-elle. N'est-ce pas la ville où votre grand-père a lui-même été déporté ? Vous nous en avez dit quelques mots hier soir.

– C'est la même ville en effet. En 1855, mon grand-père a refusé d'abattre de sang-froid un paysan qui devait payer un impôt à son supérieur militaire. Il a été envoyé à Tomsk pour désobéissance et il y est resté jusqu'à sa mort, vingt ans plus tard.

S'il n'est pas facile d'avoir un membre de sa famille grand déporté en Sibérie, Dimitri ne s'en montre pourtant pas moins fier. Le courage de son grand-père a toujours forcé son admiration. Il n'a qu'un regret, c'est de ne l'avoir pas connu pour le lui dire.

Émilie ne remarque pas les états d'âme du jeune homme et continue de suivre le fil de ses pensées.

– Votre grand-père pourrait donc avoir rencontré ce Fiodor…

– Fiodor Kouzmitch, complète Dimitri.

– C'est cela, pardon, reprend Émilie. Votre grand-père et lui pourraient-ils avoir été ensemble à Tomsk ?

– Ils l'ont été, c'est certain, répond Dimitri sur un ton qu'il veut détaché. Fiodor Kouzmitch est mort en 1864. Ils se sont connus presque neuf ans.

Émilie se tortille dans son fauteuil : tout cela est passionnant.

– Savez-vous s'ils ont été proches ?

– Mon grand-père n'a jamais été autorisé à nous écrire mais je sais, pour l'avoir souvent entendu dire, qu'il a été un proche de Kouzmitch. L'un et l'autre passaient de longues heures à discuter dès qu'ils en avaient l'occasion.

– Vous n'avez aucune trace de cette amitié ?

Dimitri grimace. L'interrogatoire de la jeune fille lui rappelle la présence menaçante de Vladimir Gorovitch. Il ne se souvient plus combien de fois il a eu à répondre à ces mêmes questions posées par la police.

– Aucune, répond-il simplement.

Constance observe Émilie à la dérobée. Ses joues ont rosi d'excitation et une lueur d'intérêt reste accrochée à ses pupilles. Voilà qui n'est pas très rassurant. La dernière fois qu'Émilie s'est intéressée de près à une histoire, un dangereux voleur s'est lancé à sa poursuite !

XIV

Après le repas, Émilie et Constance se sont installées au salon, une fois n'est pas coutume. Le prêtre qui les suit durant leur retraite est allé visiter des malades, sœur Marie-Agnès fait la classe à ses élèves, quant à Dimitri Rochenkovski, il est parti à La Rochelle avec son domestique. Ils reviendront tard dans la soirée. C'est Émilie qui a insisté pour que Constance et elle s'assoient dans le grand salon. Elle a repéré une grande pile de vieux journaux qu'elle veut éplucher avec soin dans l'espoir d'y trouver des informations sur la Russie, et éventuellement sur le fameux Fiodor Kouzmitch. Cette histoire l'intéresse déjà au plus haut point et elle tient absolument à en apprendre davantage. À cette époque où la Russie est à la mode et où tous les foyers se ruent dans les banques pour prêter de l'argent à l'immense pays, il ne serait pas étonnant de trouver quelques détails plus généraux sur sa culture ou son histoire. Pourtant, si les articles évoquent sans retenue les grands emprunts russes lancés pour financer les voies de chemin de fer et l'industrie du pays, ils restent muets sur tout le reste.

– J'ai trouvé quelque chose ! s'écrie soudain Constance en s'arrêtant sur une page.

Émilie s'approche très excitée.

– Montrez-moi cela !

Elle se penche sur le journal de son amie et parcourt la page des yeux.

– Mais tout ceci n'a rien à voir avec la Russie, constate-t-elle, dépitée.

Constance éclate de rire.

– Je vous l'accorde, dit-elle. En revanche j'ai bien trouvé quelque chose qui pourrait vous intéresser.

Elle pointe du doigt l'encadré qui a retenu son attention et tend le journal à son amie.

– Ne la trouvez-vous pas tout à fait charmante ?

L'illustration du journal présente une robe de mariée à la ligne très ajustée. Le corsage drapé est fermé jusqu'en haut du cou par de petits boutons de nacre. Les manches longues sont froncées pour leur donner un peu de volume. Quant à la jupe qui marque la taille fine, elle se compose d'une superposition de dentelles blanches qui donne à l'ensemble une grande fluidité.

Émilie sourit à son tour.

– J'aime la silhouette qu'elle fait, admet-elle. Et le tombé de la jupe me plaît beaucoup.

La jeune fille se marie dans quatre mois et le choix de la robe de mariée est pour elle un vrai casse-tête. Elle ne parvient pas à se décider pour un modèle et change d'avis sans arrêt.

– Pensez-vous que cela pourrait plaire à Théophile ? demande-t-elle inquiète.

– Bien sûr ! répond Constance sans hésiter. Je connais mon frère. Il m'a si souvent taquinée sur le choix de mes tenues que je sais parfaitement ce qu'il aime ou n'aime pas.

Émilie détaille l'image.

– Il est vrai qu'elle est très jolie...

Elle hésite pourtant encore.

– Faites-moi confiance, lui souffle Constance. Je n'ai pas mon pareil en matière de mode.

La jeune fille dit vrai. Elle fait toujours preuve d'un goût exceptionnel dès qu'il s'agit de s'habiller. Qui plus est, elle sait ajouter à ses toilettes une petite touche personnelle qui rehausse et sublime une tenue.

– Si vous l'agrémentez d'un ruban de satin blanc au poignet et de deux ou trois épingles à cheveux surmontées d'une perle, vous serez ravissante, ajoute-t-elle pour achever de convaincre son amie.

Émilie soupire. Il est temps de se décider enfin.

– Soit ! Vous avez raison, tranche-t-elle.

Constance, ravie, découpe avec soin la page du journal et la tend à son amie.

– Gardez-la. Votre couturière s'en servira de modèle.

Émilie acquiesce.

– Cela ne nous avance pas beaucoup pour notre affaire, note-t-elle.

– Non. Mais au moins vous serez présentable le jour de votre mariage ! lance Constance avec espièglerie.

Saint-Pétersbourg, le 8 avril 1804

J'ai revu plusieurs fois la femme aux yeux d'émeraude. Elle habite au palais elle aussi, ce qui n'est pas sans me compliquer la vie. J'ignore en effet quelle attitude avoir à son égard. J'ai appris son nom entre-temps – Nadejda Polenkovitch – et je sais donc que Maria et elle sont de la même famille. Dois-je pour autant l'informer que Maria est ici ? J'en doute. Si la jeune femme va et vient librement dans le palais alors que son frère est ardemment recherché, ce n'est certainement pas sans raison. Soit elle est prête à trahir le père de Maria lorsqu'il se manifestera à elle ; soit elle fait l'objet d'une surveillance accrue dans l'espoir que Vadim Polenkovitch prendra un jour contact avec elle. Alors les hommes de l'impératrice douairière seront prêts à intervenir.
J'ai bien réfléchi : je me dois de continuer de protéger Maria avant tout. Quoi que son père ait fait, elle n'en est pas responsable. Il ne serait pas juste de la mettre au cœur d'un conflit qui n'est pas le sien et de risquer de briser sa vie tout juste commençante. Et puis, il faut bien me l'avouer, j'ai toutes les peines du monde à admettre que son père puisse être un meurtrier. L'image des parents de Maria revient souvent me hanter la nuit depuis quelques jours. Je les revois si pâles et si inquiets. La fatigue avait creusé leurs joues. La peur se lisait dans leurs yeux éteints, si éteints d'ailleurs que

je suis incapable aujourd'hui de dire si le père de Maria avait les mêmes yeux qu'elle. Ils ne me donnaient pas l'impression de fuir froidement pour échapper à une sentence méritée. Ils ressemblaient davantage à des bêtes traquées tentant d'échapper à quelque chose qui les terrifiait. Bien entendu, mon impression est bien fragile et elle ne repose sur rien si ce n'est un vague sentiment de ma part. Il n'empêche que je préfère croire à son innocence plutôt que de l'accuser tout de suite. C'est pour cela que je continuerai à veiller sur Maria. Je redouble donc de vigilance avec elle, veillant toujours à ce qu'elle porte la perruque qui la métamorphose tant. Je regrette ce temps où il était courant de porter des loups, ces petits masques de velours. Ils me seraient d'un grand secours !

Dès que j'en ai l'occasion également, nous quittons le palais elle et moi. Nous nous tenons ainsi loin des regards de la cour et nous en profitons pour aller visiter une église, un palais ou simplement pour nous promener le long des quais de la Neva. L'activité intense qui règne là-bas me rappelle celle des quais de La Rochelle. Que fait donc Charlotte en ce moment ? Je lui ai écrit une nouvelle lettre, chez Jean, pour lui raconter ce qu'est ma vie ici. Je me morfonds souvent de ne rien savoir d'elle. Tout le monde reçoit un peu de courrier ici, sauf moi. Lorsque je m'en suis ouverte à Paulin, il m'a proposé de recevoir pour moi les lettres de ma sœur. Personne ne pourra s'en douter et découvrir où je me cache avec Maria. Je me suis empressée de présenter ce stratagème à Charlotte. J'ai hâte de la lire, bientôt je l'espère.

Paulin connaît l'importance du courrier depuis peu. Il est parti de France si vite après avoir retrouvé la mémoire qu'il n'a pas eu le temps de retourner voir ses parents pour leur dire qu'il était toujours vivant. Il a décidé de leur écrire tandis que nous voyagions vers la Russie. Nous avons passé de longues heures, lui et moi, le soir lorsque les voitures s'arrêtaient, à rédiger cette lettre qui risquait de bouleverser profondément ses parents. Paulin disait avoir besoin de mon aide pour trouver les mots justes. Je suis certaine qu'en laissant simplement parler son cœur il aurait su quoi écrire, même sans moi. Mais je pense que ma présence lui permettait de ne pas se laisser aller à l'émotion ni de regretter d'avoir accepté de partir en Russie. Paulin a été longuement tiraillé par le choix qu'il a fait. Mais s'il était retourné chez ses parents, près de La Rochelle, il serait sans doute redevenu marin, or mon ami ne veut plus jamais monter sur un bateau. Il a failli y laisser la vie. Travailler pour maître Boieldieu était une chance inouïe pour lui. Paulin a donc écrit sa longue lettre, espérant que ses parents, qui ne savent pas lire, trouvent une bonne âme pour la leur déchiffrer. Ils y sont parvenus puisque, il y a deux jours, Paulin a reçu une réponse venant d'eux. Ils l'avaient dictée à un voisin. La lettre était très courte mais elle a suffi à illuminer le visage de Paulin pour de longues heures.

J'ai assisté avec Maria à des messes orthodoxes. Le faste de ces cérémonies m'a laissée sans voix. Leurs églises croulent sous les lampes dorées et les icônes. Les prêtres sont parés de riches atours et portent sur la tête des couronnes chargées d'or. L'encens emplit les édifices, les chants sont nombreux et la voix chaude des hommes qui résonne sous les voûtes me donne à chaque fois des frissons.

Lorsque nous entrons dans une église, Maria retrouve tous les gestes qui ont accompagné son enfance. Elle récite silencieusement aussi les prières traditionnelles. Je le vois à ses lèvres qui bougent à toute vitesse en même temps que parle l'assemblée. Dans ces moments, debout à ses côtés, je prie pour qu'elle retrouve un jour la liberté de vivre sans se cacher. Cela sera-t-il jamais possible ?

Saint-Pétersbourg, le 12 avril 1804

Henriette a des doigts de fée. Il ne lui aura pas fallu longtemps pour me confectionner plusieurs tenues plus appropriées à la vie de cour. Avec des tissus tirés de nos malles à costumes, elle a fait des merveilles. J'ai désormais quatre robes tout à fait convenables que je suis fière de porter. La première fois que je me suis glissée dans l'une d'elles, je me suis sentie une autre. Les vêtements d'aujourd'hui sont plus légers, plus vaporeux que tous ceux que j'aie jamais connus. Même les simples robes de peau portées par les femmes iroquoises et que je n'appréciais guère étaient plus lourdes. Ma toute première impression fut d'avoir simplement passé un déshabillé pour la nuit. Un coup d'œil dans le miroir a suffi à me convaincre du contraire. Sous des apparences de grande simplicité, les robes que m'a cousues Henriette sont si bien ajustées qu'elles mettent parfaitement la silhouette en valeur. La bonne gouvernante a également réussi à trouver un fer pour friser mes cheveux. Le premier essai fut une catastrophe et l'odeur de cheveux grillés a imprégné les rideaux de ma chambre plusieurs heures durant. À la deuxième tentative, je parvins à boucler quelques mèches mais le résultat ne me satisfit pas. Finalement, je préfère laisser mes cheveux boucler naturellement. Je serai sans doute moins raffinée que certaines de ces dames mais je ne ressemblerai pas non plus à un mouton.

Henriette, qui est fort contente de ses travaux de couture, s'est lancée dans une nouvelle entreprise. Elle m'a promis une robe de bal. J'ai accepté. C'est idiot ! La costumière de la troupe de maître Boieldieu n'a aucune chance de participer un jour à l'une de ces soirées. Mais qui sait ? Le tsar me salue bien chaque fois que je le rencontre dans notre petite chapelle. Hier, il m'a même adressé la parole. C'était la première fois que je le revoyais depuis presque cinq jours. Lorsqu'il a eu terminé sa prière, il s'est relevé pour sortir, il est passé devant moi en hochant la tête comme à l'accoutumée puis s'est arrêté quelques mètres plus loin. Il est alors revenu vers moi et m'a dévisagée sans dissimuler sa surprise. « Est-ce vous ? » m'a-t-il simplement demandé. Il ne m'avait encore jamais vue dans l'une des robes d'Henriette et il avait douté un instant que je fusse la même. « Élisabeth d'Espérance pour vous servir, Votre Altesse », lui ai-je répondu. J'étais bien incapable d'ajouter quoi que ce soit. Moi, d'ordinaire si loquace, je ne trouvais rien à dire.

Saint-Pétersbourg, le 18 avril 1804

Les choses prennent une tournure que je n'aurais jamais imaginée. Presque chaque jour maintenant, l'empereur Alexandre Ier vient échanger quelques mots avec moi dans la chapelle où nous prions tous les deux. Il ne me connaît que très mal mais notre communion de prière nous rapproche indiscutablement. Nous parlons de tout et de rien : le temps, la prière, Napoléon, la France, la mode, la guerre, la musique... Chaque jour me réserve une nouvelle surprise et je ne sais jamais à l'avance de quoi sera faite notre conversation.

Au début, je n'osais pas répondre, trop intimidée par son auguste fonction. Alors l'empereur s'est mis à me poser des questions pour me forcer à ouvrir la bouche moi aussi. Ma langue s'est vite déliée. Une bavarde ne peut rester muette bien longtemps. Lorsqu'il me demande mon avis, je le lui donne, sans concession. Qu'ai-je à perdre ? Je ne brigue aucune charge à la cour, aucun mandat de prestige.

Parfois, j'arrive à lui arracher un rire discret. C'est une vraie victoire pour moi. La tristesse qui voile sans cesse son regard disparaît alors un court instant. J'admire cet homme qui a la charge d'un aussi vaste pays. Quelle responsabilité immense !

Je ne prétends absolument pas connaître l'empereur et bien souvent ce que j'apprends sur lui d'autrui me surprend. Mais il m'arrive de savoir des choses que d'autres ignorent et cela me fait sourire. Il me confie sans aucune pudeur ce qu'il a pensé d'un spectacle ou d'un tableau. Quand ses conseillers se gargarisent de son enthousiasme sur une nouvelle œuvre, je découvre qu'il s'est montré poli mais qu'il n'a pas aimé. Il n'y a qu'en matière de musique qu'il ne se livre pas tout à fait, je le sens. Il est trop fin pour risquer de me mettre dans une situation délicate vis-à-vis de maître Boieldieu. Je lui en suis très reconnaissante. Je n'aimerais pas connaître son avis véritable et devoir feindre de l'ignorer devant le compositeur.
Cela ne signifie pas pour autant que le tsar aime et approuve tout ce qu'on lui présente sous prétexte de ne vouloir blesser personne. Bien au contraire. J'ai entendu dire plus d'une fois qu'il s'était vivement emporté contre quelque chose qui lui avait déplu. Mais il n'aime pas les conflits incessants. Il a déjà fort à faire avec notre Premier consul Bonaparte qui lui cherche régulièrement querelle. C'est étrange d'ailleurs de me trouver dans un pays qui est en guerre larvée avec le mien. Cela m'était déjà arrivé au Canada lorsque les Français étaient subitement devenus des ennemis. Ici, à Saint-Pétersbourg, c'est un peu différent toutefois. Je suis venue avec la troupe de maître Boieldieu à la demande de l'empereur lui-même. Les arts ne connaissent pas la guerre et je suis très étonnée de constater que presque tous les gens de la cour parlent un français excellent. L'ennemi n'est pas la France mais Bonaparte.

Plus qu'un pays, c'est un homme que l'on rejette car il se montre trop belliqueux.

Le tsar m'a demandé de garder secrètes nos entrevues dans la chapelle. Il ne tient pas à ce que toute la cour sache qu'il vient prier si souvent. Certains lui reprochent d'être un bigot et de préférer les affaires de Dieu aux affaires d'État. C'est faux, même si l'empereur m'avoue qu'il trouverait un réel plaisir et un immense réconfort s'il pouvait ne plus s'occuper que du Seigneur.

XV

Debout sur le quai de la gare, caché derrière un pilier, Dimitri attend que le train pour Paris entre en gare. Il n'a pris presque aucun bagage avec lui afin de ne pas attirer l'attention. Personne ne doit savoir où il est allé. Vladimir Gorovitch moins que tout autre. Piotr, qui est resté dans la voiture, sillonne la ville de La Rochelle comme si les deux jeunes hommes faisaient effectivement les emplettes qu'ils avaient annoncées. Il se charge de brouiller les pistes en attendant que son maître disparaisse. Dimitri n'a besoin que de quelques jours d'avance sur le policier pour découvrir pourquoi il le poursuit. Si l'annonce officielle de la fin de l'enquête n'est qu'une ruse pour tromper la vigilance de ceux qui sont suivis, Dimitri doit absolument le découvrir. La police pourrait en effet avoir été autorisée à redoubler de moyens et d'efforts pour faire disparaître les preuves.

Ce n'est certainement pas à La Rochelle que Dimitri obtiendra les informations qu'il recherche. En revanche, à Paris, il connaît un journaliste chargé de couvrir l'actualité russe pour le compte des journaux français. Dès lors qu'un événement se passe en Russie, il en relaye l'information auprès de la presse française. Dimitri ne se souvient plus de l'endroit où il travaille mais il est certain d'obtenir ce renseignement à l'ambassade de Russie. Ensuite, il lui suffira d'interroger le journaliste pour découvrir ce que trament Vladimir Gorovitch et l'Okhrana tout entière.

Une sirène siffle tout à coup. On installe la locomotive. Les bagagistes commencent à s'affairer sur le quai, certains poussant ou tirant de lourds chariots chargés de malles et de sacs.

Dimitri observe les préparatifs sans broncher. Il ne quittera sa cachette que lorsque le train sera prêt à partir. Les voyageurs de première classe montent dans les wagons, suivis par des porteurs. Un peu plus près de Dimitri, les voyageurs plus modestes se débrouillent seuls pour embarquer. Ils voyageront en deuxième classe tout comme le jeune homme, qui a jugé préférable d'attirer le moins possible l'attention sur lui.

Soudain, le chef de gare souffle à s'époumoner dans son sifflet et les roues du train s'ébranlent tout doucement. Dimitri surgit alors de sa cachette et saute sur le marchepied de la voiture en face de lui. Après avoir jeté un dernier coup d'œil sur la gare pour être sûr que personne ne le suit, il disparaît dans le wagon à la recherche d'une place où s'installer. Les sièges sont alignés sur deux rangées de deux et le jeune Russe ne trouve aucun rang où deux sièges voisins sont libres. Finalement, il doit se résoudre à s'asseoir à côté d'un homme d'un certain âge, qui le salue d'un mouvement de tête. Une telle promiscuité est tout à fait inhabituelle pour le Russe. D'ordinaire la fortune de sa famille lui permet de réserver un compartiment de première classe pour lui tout seul. Mais tandis qu'il s'installe en prenant soin de ne pas bousculer son voisin, une pensée lui traverse l'esprit : s'il doit fuir, il lui faudra s'habituer à de telles conditions de voyage.

Dimitri s'adosse au fauteuil et laisse aller sa tête en arrière. Il ferme les yeux en repensant au formidable voyage qu'il avait projeté de faire en France. Il aura suffi d'un seul avertissement de Piotr pour que tout cela parte en fumée. Et dire qu'il croyait aussi avoir enfin fait la connaissance d'une jeune fille plus digne d'intérêt que toutes celles qu'il avait croisées jusqu'à maintenant. Dimitri soupire. Si tel est son destin, il ne se dérobera pas. Il veut pouvoir continuer de porter le nom de son grand-père avec honneur. Il voudrait que son arrière-grand-mère puisse être fière de lui.

XVI

Vladimir Gorovitch plisse les lèvres d'un air mauvais. De là où il est, il peut parfaitement voir Dimitri qui somnole sur son siège trop dur. Sans ses favoris roux, le policier de l'Okhrana est méconnaissable. Il les a rasés avec soin la veille au soir car il est prêt à tout pour ne plus se faire repérer par Dimitri. Il n'est pas question qu'il réitère l'erreur du train de Saint-Pétersbourg. Pour un peu, il se faisait attraper en train d'écouter à la porte de la cabine.

Le jeune Russe qu'il garde à l'œil ne semble se douter de rien. Il faut dire que Vladimir Gorovitch a bien failli se faire berner par ses allées et venues dans La Rochelle. Mais le policier est loin d'être un débutant en matière de filature. Lorsqu'il avait remarqué que seul Piotr sortait de la voiture pour disparaître dans les boutiques et revenir les bras chargés de marchandises, il s'était douté que Dimitri préparait quelque chose. Il avait redoublé de vigilance. Non loin de la gare, alors que Piotr entrait sous un porche, Vladimir avait vu le jeune Rochenkovski jaillir de la voiture de l'autre côté et se fondre dans la foule du marché. Le suivre ensuite avait été un jeu d'enfant.

Cet acharnement du jeune homme à changer de destination à la dernière minute puis à vouloir brouiller les pistes ne fait que renforcer le sentiment de Vladimir Gorovitch : Dimitri Rochenkovski cache quelque chose. Le policier ne le lâchera pas une seule seconde tant qu'il n'aura pas découvert quoi. L'homme de l'Okhrana se rappelle avec une satisfaction malsaine la dernière affaire sur laquelle il avait travaillé avant celle-ci. Une réussite selon lui !

Il devait réunir les preuves nécessaires à la déportation en Sibérie d'un opposant au régime. L'affaire avait été longue et fastidieuse. Il était sur le point de réussir lorsque l'homme poursuivi avait eu vent de la situation. Il avait tenté de fuir à l'étranger. Quand il s'en était aperçu, Vladimir Gorovitch était entré dans une fureur immense. Cet homme devait être puni, il s'en était donc chargé à sa façon. Il avait retrouvé la trace du fuyard et l'avait froidement poignardé plutôt que de le faire prisonnier. Vladimir ne supportait pas d'avoir été pris en défaut. Si une affaire lui échappait, il ne se maîtrisait plus. L'officier en question avait été retrouvé dans un fossé, le corps transpercé de toute part. Les chefs de l'Okhrana avaient conclu à un règlement de comptes plutôt que d'accuser Vladimir Gorovitch. Certes ils n'appréciaient guère ce policier nerveux et imprévisible mais il leur était précieux. Sa promptitude à user de son couteau s'avérait utile de temps à autre. Vladimir Gorovitch était toujours prêt à intervenir dans les affaires les moins glorieuses et les plus sombres de l'Okhrana.

Saint-Pétersbourg, le 28 avril 1804

Voici presque deux mois que nous sommes à Saint-Pétersbourg, et notre troupe fait maintenant partie du paysage de la cour. Les pièces musicales de maître Boieldieu sont commentées et appréciées de tout un chacun. Les chanteurs ont pour certains leur petite cour d'admirateurs. Mais c'est sans aucun doute Cassandre, l'une de nos cantatrices, qui fait le plus parler d'elle.

Cassandre a une très belle voix il est vrai, pourtant ce n'est pas ce qui semble préoccuper le plus les commères de la cour. J'entends beaucoup parler d'elle en effet mais non pas pour ses talents artistiques. Ce qui plaît avant tout, c'est son visage charmant, sa peau blanche et sa silhouette sans défaut. On raconte que les hommes se battent pour la courtiser mais que la belle brise tous leurs espoirs en refusant de les recevoir. Son cœur n'est pas à prendre, dit-elle. Les femmes de leur côté la critiquent sans vergogne, voyant en elle une rivale potentielle. Je n'aime pas les entendre raconter ainsi tant de choses fausses à son sujet et dès que j'en ai l'occasion, je m'empresse de prendre sa défense. Je connais bien Cassandre. Elle est aussi bonne et gentille qu'elle est jolie. J'ignore quel jeune homme a la chance de régner sur son cœur mais il a trouvé là une perle rare et pure, j'en suis absolument convaincue.

Hélas, les gens n'ont que faire de mon avis et de la vérité.

Ils aiment raconter des ragots et colporter toutes sortes de bruits. Il faut dire que certains s'ennuient à mourir en attendant une faveur de l'empereur, qui n'arrivera peut-être jamais. Ils passent donc le temps comme ils peuvent, traînant dans les couloirs du palais et nouant des intrigues à tout-va. Ceux-là ne m'inspirent que du dégoût.

Fort heureusement, j'ai découvert aussi des personnes tout à fait remarquables et je me félicite chaque jour d'avoir la chance de les côtoyer. Beaucoup sont des femmes d'officiers du tsar qui se languissent de leurs époux partis pour se battre durant de longs mois. Elles me rappellent notre mère car elles passent beaucoup de leur temps à s'occuper des plus pauvres. Elles s'organisent pour aller les rencontrer, les réconforter, les soigner ou leur apporter de quoi se nourrir et se vêtir. Certaines vont jusque dans la campagne à la rencontre des paysans. Je les y accompagne aussi souvent que je le puis.

Les paysans vivent dans de petites maisons en rondins, calfeutrées avec de la mousse et de l'argile pour éviter que l'air froid n'y pénètre. Dans les maisons où je suis entrée, il n'y a qu'une seule grande pièce, dont les murs sont noirs de suie. Le poêle monté dans un coin crache sa fumée tout au long de la journée et de la nuit. Chaque matin, les habitants de la maison doivent se laver le visage devenu noir et poisseux durant la nuit.

Outre le chauffage, le poêle sert à la cuisson des aliments qui mijotent de longues heures. Le pain aussi cuit dedans, de même que l'espèce de gruau que l'on sert aux animaux. On y sèche

également le linge ou les graines qui serviront aux semences. Les femmes que j'accompagne m'ont raconté qu'il n'était pas rare de voir des hommes entrer tout le torse dans le poêle afin de prendre comme un grand bain de vapeur, au risque de se griller la peau ou les poils. Ils estiment que cela les décrasse en profondeur !
Les premières fois que je suis allée à la campagne visiter les plus pauvres, je ne pouvais m'empêcher de tousser violemment dès que j'entrais dans l'une de leurs maisons. La fumée pique les yeux et la gorge, donnant l'impression d'étouffer à qui n'est pas habitué. J'ai ainsi pu admirer le flegme magnifique de ces femmes du monde qui entrent chez les plus pauvres sans réagir à la fumée ni à l'odeur, ni même aux animaux de la ferme en tout genre qui circulent librement dans la grande pièce. J'y ai déjà croisé régulièrement des canards ou des lapins. En hiver, lorsque les jours sont les plus froids, il paraît que l'on fait entrer dans les maisons les porcs et même les bœufs !
Malgré cette cohabitation extraordinaire, les maisons même les plus pauvres sont toujours extrêmement bien tenues. Les femmes passent régulièrement sur le sol une sorte de balai de fines lanières de bouleau qu'elles mouillent abondamment. Une fois par an, elles font le grand ménage en raclant le sol avec du gros sable.

Je m'égare en écrivant ainsi sans m'arrêter à propos de ce pays fascinant. Tel ne devait pas du tout être mon propos lorsque je me suis assise au petit bureau marqueté que j'ai à disposition dans ma chambre. Quelle différence entre ce mobilier raffiné et celui que je découvre dans les petites maisons de bois ! Il est souvent de forme extrêmement simple, sa fonction première n'étant pas d'être beau mais d'être utile. Cela ne signifie pas que les maisons des paysans sont grossières. Loin de moi cette idée ! Les chefs de famille mettent un point d'honneur à sculpter finement les encadrements des petites fenêtres. De loin, on les croirait taillés dans de la dentelle.

Mais voici que je recommence alors qu'il est fort tard déjà. Je voulais évoquer mes inquiétudes concernant Maria en ouvrant ce livre et je suis partie en digression. Je suis loin pourtant d'avoir le cœur aussi léger que mon bavardage peut le laisser paraître. La situation de Maria ne cesse de me préoccuper : elle ne pourra pas durer éternellement. Hier en effet, Maria s'est promenée sans sa perruque ! La fillette commence à se lasser de ce postiche qui ne la fait plus tant rire. Il lui gratte la tête qui plus est. Hier donc, nous sommes sorties toutes les deux pour nous rendre chez la mercière. Tandis que je regardais du ruban, l'enfant a retiré son bonnet de dentelle pour accommoder une fleur en tissu dans ses cheveux. La mercière l'a dévisagée avec un étonnement si grand que j'ai regardé Maria à mon tour. Elle était ravissante avec ses cheveux longs qu'elle avait remontés avec la fleur, mais elle était aussi terriblement blonde ! J'ignore depuis quelle heure ce matin elle allait ainsi sans sa perruque.

Je me suis empressée de rentrer au palais en renouant fermement son bonnet sur sa tête afin qu'aucune mèche de cheveux ne s'en échappe. Il m'a ensuite été presque impossible de la convaincre de remettre sa perruque. La mercière l'avait félicitée pour sa nouvelle coiffure, la trouvant plus ravissante encore qu'avant. « Cela vous donne un air de petite fille russe », lui avait-elle même dit. Maria avait souri largement. Ces mots l'ont remplie d'aise, j'en suis convaincue. Je sens que de ne pouvoir revendiquer ses origines russes lui pèse. Je la comprends. Il y a de quoi être fière de toutes ces merveilles que nous côtoyons. Mais si Maria refuse de redevenir brune, je vais devoir lui imposer en permanence le port d'une coiffe ou d'un foulard comme lorsque nous allons à la messe toutes les deux. Il en existe en dentelle fine qui sont très beaux.

Il ne reste plus qu'à prier pour que nous ne rencontrions pas la jeune femme aux yeux d'émeraude. Jusqu'à maintenant, j'ai pu éviter que la fillette ne la voie. J'ai trop peur de sa réaction. Je redoute la confrontation de ces deux-là.

Saint-Pétersbourg, le 1er mai 1804

Il ne m'aura pas fallu attendre longtemps pour que ce que je craignais se produise. La promenade de Maria sans sa perruque est loin d'être passée inaperçue. D'ailleurs, je me rends compte maintenant que cela faisait peut-être plusieurs fois déjà qu'elle retirait son postiche sans que je ne m'en rende compte ni ne me méfie.

Il y a une heure à peine, une femme a demandé à me voir. Comme je n'étais pas là, c'est Henriette qui l'a reçue. La bonne gouvernante est incapable de me dire qui était cette femme et ce qu'elle me voulait exactement. Certes je connais maintenant quelques dames de la cour puisque je vais les aider dans leurs œuvres charitables, mais aucune d'elles n'est jamais venue me trouver. Toute la troupe de maître Boieldieu et moi-même logeons dans une extrémité du palais où peu de gens s'aventurent d'ordinaire, en dehors des quelques habitués de la petite chapelle.

Henriette ne se souvenait pas avoir déjà vu la visiteuse mais son regard exercé de fine couturière a immédiatement noté la richesse et le raffinement de ses vêtements. Elle en a même relevé la couleur avec intérêt. « Du même vert profond que ses yeux », m'a-t-elle simplement dit. Pouvait-elle imaginer un seul instant qu'en me disant cela elle me plongerait dans des abîmes d'angoisse. Cette femme, la femme aux yeux d'émeraude, c'est certain, n'est sûrement pas venue me trouver par hasard. Que veut-elle ? Elle a dit qu'elle repasserait. Elle n'a pas précisé quand. Il faut absolument que je mette Maria à l'abri avant cela.

Saint-Pétersbourg, le 7 mai 1804

Des bruits circulent dans les couloirs du palais. Il paraît que le Sénat français vient de donner à Napoléon Bonaparte le titre d'empereur ! Qui aurait cru qu'un petit général corse accéderait un jour à une telle fonction ? Qui aurait pu imaginer même seulement qu'il puisse prétendre à un tel titre ? Les grands de ce monde doivent grincer des dents. J'ai bien peur que ce nouveau statut ne lui donne des velléités d'étendre encore le territoire de la France. Certains parlent déjà de la guerre. Quand les hommes cesseront-ils de convoiter le bien d'autrui et de se battre ?
On raconte ici que le sacre du futur Napoléon Ier aura lieu au mois de décembre prochain. Serai-je de retour en France alors ? Je l'ignore. En quittant l'Espérance en effet, je ne me suis pas posé la question de savoir quand j'y reviendrai. Maintenant que j'y pense, je me rends compte que je suis sans doute partie pour de très longs mois. Car il est certain que je ne retournerai pas chez moi tant que je ne saurai pas Maria en sécurité. Et quand bien même. Si je pouvais la rendre à ses parents et la savoir heureuse, je serais prête à rester plus longtemps encore. Mais cela sera-t-il seulement possible ? Le crime de son père est si grand qu'elle ne le reverra sans doute jamais...

XVII

– Voilà une façon bien cavalière de prendre congé, déclare Constance.

Émilie et elle regardent le petit billet de Dimitri Rochenkovski avec une certaine déception. Le jeune homme leur avait paru extrêmement sympathique et fort bien élevé. Elles ne s'attendaient pas à ce qu'il leur fausse ainsi compagnie sans même les prévenir. Son attitude est plus que choquante, surtout vis-à-vis de sœur Marie-Agnès qui avait fait tout son possible pour lui trouver un logement alors qu'il n'y avait plus aucune place au château de l'Espérance.

– Il faudra qu'il ait eu une fort bonne raison pour disparaître de la sorte, note Émilie.

Constance ne dit rien. Elle n'imaginait pas que le jeune homme se conduirait ainsi.

– Rendez-vous compte : il est même parti sans son domestique, poursuit Émilie qui tente de trouver une explication à tout cela. Peut-être fuyait-il ?

Constance se tourne vers son amie en souriant :

– Vous ne pouvez donc pas vous empêcher de voir du mystère partout ? souligne-t-elle.

Émilie sourit à son tour.

– J'aime cela, je l'avoue. Le mystère met un peu de piquant dans le quotidien, ne trouvez-vous pas ?

Constance hausse les épaules. Il est vrai qu'elle a beaucoup aimé partir sur les traces de Charlotte d'Espérance puis à la recherche du reliquaire offert à Élisabeth, sa sœur, mais elle n'est pas aussi passionnée que son amie.

– Je viens de lire un roman anglais qui m'a enchantée, dit alors Émilie. Il s'agit des aventures d'un détective privé appelé Sherlock Holmes. C'est très nouveau et tout à fait passionnant. J'aimerais avoir le même sens de la déduction que lui.

– Et que vous dit votre sens de la déduction à propos de ce Dimitri Rochenkovski ? demande Constance, amusée.

Émilie réfléchit un instant pour remettre de l'ordre dans ses idées.

– Je pense que ce que son domestique lui a appris hier est loin d'être « sans importance », comme il nous l'a certifié. Piotr, je crois qu'il s'appelle ainsi, lui a dit qu'il était suivi.

– Et ?

– Et... il a donc fui pour échapper à ses poursuivants. L'affaire était si grave qu'il n'a pas pu nous prévenir.

Constance fait la moue. Elle n'est pas convaincue et relit pour la troisième fois la rapide lettre de Dimitri.

Mesdemoiselles,

Une affaire urgente m'appelle et je suis contraint de partir plus tôt que prévu, sans avoir même le temps de vous saluer. Je vous prie de me pardonner. Je vous laisse les mémoires de mon arrière-grand-mère pour le moment car je n'ai pas le temps de les récupérer. Cela vous permettra de vous y plonger de nouveau à votre guise. Je préfère que vous les gardiez avec vous plutôt que vous ne les confiiez à mon domestique. Je trouverai un moyen de les récupérer quand cela me sera possible. Veuillez seulement, s'il vous sied, laisser à mon domestique une adresse où vous joindre le moment venu.
J'ai l'honneur d'être, Mesdemoiselles, votre très humble serviteur.

Dimitri Vassilovitch Rochenkovski

Le ton n'est pas celui d'un homme traqué à moins que le jeune Russe ne fasse preuve d'une extrême maîtrise de soi.

– Qu'en dites-vous ? demande Émilie.

– Rien, répond simplement Constance. Ce jeune homme est parti car il avait mieux à faire ailleurs.

Émilie soupire. Le manque de réaction de son amie la chagrine. Elle aurait cru qu'elle aurait été davantage affectée par le départ de Dimitri.

– Ne va-t-il pas vous manquer un tout petit peu ? demande-t-elle timidement.

Constance hausse les épaules. Elle n'est pas venue à l'Espérance pour trouver un mari mais plutôt pour tenter d'y voir clair dans sa vocation. Savoir si Dimitri lui plaît ou pas lui importe peu.

– Il est aimable… insiste Émilie.

– Mais mal élevé, note Constance avec malice.

Émilie fronce le nez. Son amie n'a pas tout à fait tort. Quel dommage tout de même ! Elle était pourtant persuadée que le jeune Russe n'était pas resté indifférent à Constance.

Saint-Pétersbourg, le 9 mai 1804

Une terrible nouvelle circule dans les couloirs du palais. Je ne peux l'ignorer. Sergueï Borski a été retrouvé mort dans la rue, le ventre percé de plusieurs coups de poignard. Ce pauvre homme n'est, hélas, sûrement pas le premier à trouver une fin tragique telle que celle-ci. Mais Sergueï Borski n'est pas n'importe quel homme. Il était parmi les soldats présents le soir de l'assassinat de Paul Ier. Il était soupçonné d'avoir laissé l'accès libre aux appartements du tsar plutôt que de les surveiller. Comme le père de Maria, il avait fui. Personne ne l'avait revu depuis de longs mois. Jusqu'à hier...
De là à penser que les hommes de l'impératrice sont derrière cette histoire, il n'y a qu'un pas fort aisé à franchir.
Cette nouvelle m'a glacé le sang et je mesure désormais à quel point le danger que court le père de Maria est immense. S'ils parviennent à le retrouver, nul doute qu'ils lui feront subir le même sort qu'à ce Sergueï Borski. Quoi que le père de Maria ait pu faire, il ne mérite pas une mort aussi brutale et cruelle. Quant à la fillette, je dois absolument la mettre à l'abri. Le risque qu'ils la retrouvent et se servent d'elle comme d'une otage est devenu beaucoup trop grand !

Saint-Pétersbourg, le 10 mai 1804

Je bénis le Ciel d'avoir remis Paulin sur ma route. Il est un véritable ami pour moi et je sais que je peux me confier à lui sans retenue. Dans les moments d'angoisse, il est bon d'avoir un cœur auprès duquel s'épancher un peu afin que les choses nous paraissent plus légères.

Depuis que nous nous sommes retrouvés, Paulin sait exactement tout de ce pour quoi je suis ici. Il connaît les raisons qui m'ont poussée à fuir l'Espérance avec la petite Maria et il m'a toujours promis de me venir en aide si je devais faire appel à lui. Le moment est venu et mon ami ne m'a pas déçue. Après la visite de la femme aux yeux d'émeraude, je suis allée le trouver. Je voulais que nous réfléchissions ensemble à un moyen de mettre Maria à l'abri pour le cas où. Il est toujours plus difficile pour une femme de se déplacer partout ou de demander quelque chose sans attirer l'attention. Je comptais sur Paulin pour me faciliter la tâche. Son soutien est allé bien au-delà de mes espérances : il a immédiatement su où Maria devait se cacher.

Il se trouve que le jeune homme dont la belle Cassandre est éprise n'est autre que mon cher ami. Ils vivent tous les deux une histoire d'amour cachée depuis que nous sommes arrivés à Saint-Pétersbourg. Le hasard a voulu qu'ils fassent tout le trajet depuis la France dans la même voiture, ce qui leur a permis de faire connaissance et de se découvrir d'innombrables affinités. En apprenant la nouvelle, cela ne m'a qu'à demi étonnée il faut l'avouer. J'ai toujours pensé que Cassandre était une jeune fille formidable. Qu'elle ait choisi mon ami ne fait que renforcer mon opinion. Paulin était très confus de ne m'en avoir pas touché mot plus tôt mais je respecte profondément son silence. Un amour naissant doit être si beau et si fort que l'on a certainement envie de le savourer seul au début. Quoi qu'il en soit, nos deux jeunes amoureux se retrouvent le plus souvent possible dans l'arrière-boutique d'un maître luthier dont la femme les a pris en sympathie. La pauvre femme est malade. Elle a besoin de compagnie. Lorsque Paulin et Cassandre vont chez elle, ils passent toujours de longs moments à lui raconter la vie à la cour. Ils peuvent alors se tenir la main tendrement sans être vus de personne. Et lorsque la bonne dame s'endort, ce qui est très fréquent, ils ont tout le loisir d'être tranquilles tous les deux et de parler d'avenir.

Lorsque Paulin a évoqué Maria devant elle, la femme a immédiatement accepté de la prendre auprès d'elle. Elle n'a pas cherché à savoir pourquoi la fillette devait se cacher. Elle s'est simplement réjouie à l'idée d'avoir une petite aide malade avec elle tout le jour. Les journées lui paraissent si longues qu'un soupçon de mystère donne enfin un peu de relief à sa morne vie, dût-elle ne rien savoir de ce qui se trame auprès d'elle.

Je ne pensais pas avoir à recourir à cette cachette si vite mais la mort suspecte de la veille m'a convaincue qu'il était plus que temps

de réagir. Ce matin, j'ai prétexté une promenade avec Maria pour nous rendre chez le luthier.
À peine arrivée là-bas, j'ai dû expliquer à Maria la gravité de la situation. Lorsque je lui ai parlé de l'assassinat du tsar, elle s'est bouché les oreilles en secouant la tête. « Ce n'est pas vrai ! a-t-elle hurlé. Mon père n'a tué personne. » Comme j'aimerais pouvoir lui dire qu'elle a raison ! Son cœur de fillette ne peut accepter la culpabilité de celui qu'elle aime, mais elle accepte les contraintes énormes que je lui impose si cela peut aider son père. Elle restera cachée tout le temps nécessaire, m'a-t-elle promis. « Jusqu'à ce que l'on sache que ce n'est pas vrai ! » a-t-elle ajouté. Puisse Dieu faire que cela soit possible.

Je l'ai quittée le cœur gros. J'aurais aimé rester avec elle mais Paulin m'a convaincue de n'en rien faire. Si nous disparaissons toutes les deux, cela attirera l'attention, il en est persuadé. Si quelqu'un a effectivement retrouvé notre trace, il se lancera de nouveau à notre poursuite et aura de plus grandes chances de nous retrouver. En revanche, l'absence seule de la fillette sera très facile à expliquer. Il me suffira de dire qu'elle est souffrante. Maître Boieldieu en sera certainement un peu agacé mais il est si occupé par le nouvel opéra qu'il compose qu'il ne se préoccupera sans doute pas de Maria avant quelques semaines. Reste Henriette... Je répugne à lui mentir mais je sais qu'elle sera folle d'inquiétude pour Maria.

Saint-Pétersbourg, le 12 mai 1804

La femme est encore revenue et je n'étais toujours pas là. Henriette, que j'ai mise malgré tout dans la confidence hier soir – elle n'aurait pas compris la disparition soudaine de Maria –, m'a dit avoir été d'une froideur exemplaire afin de lui passer l'envie de revenir jamais. Malgré le sérieux de la situation je n'ai pu m'empêcher de sourire en la voyant me raconter la scène. J'imaginais la vieille gouvernante défendant farouchement l'entrée des petits appartements que j'occupe. Maria est en danger, je peux donc compter sur son indéfectible soutien. Elle s'est tant attachée à la fillette que ceux qui lui veulent du mal devront avoir affaire à elle.
L'insistance de cette Nadejda Polenkovitch me tracasse autant qu'elle m'étonne. Si elle voulait trahir son frère, elle ne viendrait certainement pas nous trouver en personne. Au lieu de cela, elle se présente devant nous, sans même chercher à se cacher. A-t-elle seulement conscience du risque qu'elle peut faire courir à la petite fille ? Son manque de discrétion m'effraie et je retarde le plus possible le moment où je lui révélerai la vérité, si tant est que je le fasse un jour.

XVIII

À peine le train s'est-il arrêté en gare que Dimitri en descend avec un soulagement certain. Ses grandes jambes se sont difficilement accommodées de ce long trajet en deuxième classe. Il aurait aimé les étendre devant lui et reposer son dos également. Les sièges en bois lui ont paru terriblement durs en comparaison de ceux capitonnés de première classe. La nuit dans ce train a été fort éprouvante.

Le hall de la gare Montparnasse est encombré de bagagistes et de voyageurs encore plus nombreux qu'à La Rochelle. Toutes les personnes venant de l'ouest de la France arrivent ici et il règne dans l'édifice une ambiance joyeuse où les uns et les autres se retrouvent avec effusion. Sans compter le bruit strident des trains et les nuages de vapeur qui envahissent la structure

Dimitri jette un œil autour de lui et n'aperçoit aucun de ces favoris roux suspects. Il lui faut maintenant trouver la sortie et un moyen de transport. Après quelques hésitations, le jeune homme se dirige vers les larges portes vitrées qui donnent sur la ville.

Derrière, des dizaines de voitures à cheval numérotées attendent les clients pour les amener aux quatre coins de la ville. Dimitri hésite un instant, achète le journal du jour à un petit vendeur ambulant et grimpe dans une voiture découverte.

– À l'ambassade de Russie, s'il vous plaît, lance-t-il au chauffeur.

Celui-ci se tourne légèrement sur son siège.

– L'ambassade de Russie ? répète-t-il.

– Oui, acquiesce Dimitri. Rue de Grenelle.

– Vous n'avez pas de bagage ? s'étonne le cocher qui est habitué à transporter des voyageurs venant s'installer pour plusieurs mois à Paris, voire définitivement.

Dimitri secoue la tête.

– Non. Mon domestique suivra, dit-il en guise d'explication. Je préfère voyager légèrement et le laisser s'occuper des malles.

Le cocher se retourne, satisfait. Cela chargera moins sa voiture et fatiguera moins son cheval. Il lève son fouet et effleure la croupe de l'animal qui démarre aussitôt.

Dimitri étend enfin ses jambes et se plonge dans la lecture du journal. À dire vrai les informations du moment l'intéressent peu. Une seule chose accapare toutes ses pensées depuis son départ de La Rochelle. Deux en réalité, mais le jeune homme sait qu'il ne trouvera pas le visage de Constance dans le journal. En revanche, il espère y découvrir quelque chose concernant le tsar Alexandre Ier. Après avoir rapidement parcouru les premières pages, son regard est attiré par un entrefilet dont la discrétion est étonnante si l'on en croit l'importance de la nouvelle qu'il annonce.

VIDE !

LA TOMBE DU DÉFUNT TSAR ALEXANDRE IER DE RUSSIE A ÉTÉ OUVERTE HIER SUR ORDRE DE L'EMPEREUR ALEXANDRE III. LES QUELQUES RARES OBSERVATEURS PRÉSENTS SUR PLACE ONT TOUS PU CONSTATER LA MÊME CHOSE : LE TOMBEAU ÉTAIT VIDE ! CETTE DÉCOUVERTE RELANCE LA POLÉMIQUE AU SUJET DE LA MORT DU TSAR. SI LE CORPS D'ALEXANDRE IER N'EST PAS DANS SA TOMBE, OÙ EST-IL ?

Dimitri est très troublé. Si ce que dit cet article est vrai, la présence de Vladimir Gorovitch à ses trousses ne s'explique pas. À quoi servirait-il en effet de continuer de chercher à éliminer les preuves permettant l'identification de Fiodor Kouzmitch si l'on fait savoir publiquement que le tsar Alexandre Ier n'est certainement pas mort quand on l'a cru. Tout cela est fort contradictoire. À moins que cet article ne soit paru sans le consentement de la famille impériale, ce qui risque de déclencher son courroux et de rendre sa police plus dangereuse encore.

Dimitri cherche le nom de l'auteur de l'article. En vain. Le texte est anonyme !

Saint-Pétersbourg, le 15 mai 1804

Je rencontre le tsar de plus en plus régulièrement à la chapelle. Il semble qu'il trouve dans la prière puis dans nos conversations un véritable réconfort. Plus le temps passe et plus nos discussions gagnent en profondeur. Nous sommes devenus de vrais amis et il est peu de sujets que nous n'osons aborder tous les deux. Je me garde seulement de lui parler de Maria. Je devrais me sentir affreusement coupable de lui cacher un fait qui le touche de si près. Si le père de Maria est effectivement responsable de l'assassinat de son père, c'est criminel de ma part de lui dissimuler un moyen d'attraper l'un des coupables. Néanmoins je ne ressens aucune culpabilité. C'est étrange. Je suis même curieusement en paix avec moi-même sur ce sujet. C'est comme si j'étais convaincue au plus profond de moi de l'innocence du père de Maria. Hélas, je n'ai aucun élément qui vienne conforter mon sentiment et il me faudra prouver ce que je ressens pour que Maria retrouve sa liberté et ses parents également.

Aujourd'hui le tsar m'a justement parlé de ce fameux 23 mars 1801 où son père a été tué. Je l'ai écouté sans rien dire, me contentant d'être pour lui une oreille amie. Je doute que l'empereur russe ait souvent eu l'occasion d'épancher ainsi son cœur sans craindre d'être jugé ou de créer un incident diplomatique. Il peut me faire confiance, il le sait, et c'est sans doute pour cela qu'il a commencé à parler. Je l'ai écouté plus d'une heure il me semble, sans qu'il ne s'arrête une seule fois. On aurait dit qu'il craignait de ne plus jamais avoir l'occasion de le faire.

Il avait lui-même ourdi avec quelques proches le coup d'État contre son père pour mettre fin à un règne que tout le monde critiquait sans vergogne. Alexandre et plusieurs hommes complotaient, attendant patiemment le meilleur moment pour passer à l'action. Il était convenu que le père d'Alexandre serait arrêté et envoyé en résidence surveillée quand son fils prendrait sa place sur le trône. Le 23 mars, tout semblait réuni pour que cela se déroule dans les meilleures conditions. Malheureusement, les choses ne se sont pas passées comme il était prévu. Les hommes venus chercher Paul Ier pour l'arrêter l'ont finalement tué. Le tsar ignore si ses amis avaient projeté depuis le début d'assassiner son père sans le lui dire ou s'il s'agissait réellement d'un accident. Personne ne le saura jamais en somme, car ceux qui ont participé au crime sont morts depuis ou restent muets comme des tombes. Il n'empêche que, dans un cas comme dans l'autre, le tsar se sent définitivement responsable de ce drame. S'il n'avait pas autorisé l'arrestation de son père, rien de tout cela n'aurait eu lieu.

La culpabilité qui ronge cet homme l'empêche de vivre, de respirer même parfois. Il s'efforce de multiplier les occupations pour oublier et ne pas sentir le remords lui ronger l'âme. Même la guerre lui paraît un excellent moyen de tromper son angoisse ! Quel paradoxe ! Il brave la mort pour oublier la mort.

S'il le pouvait, le tsar disparaîtrait pour changer de vie. Il voudrait alors se consacrer tout entier à la prière pour expier son immense péché. Il s'est pourtant confessé de cela maintes fois mais jamais il n'a trouvé la paix de l'âme. « Seule une vie de privation et de prière pourrait me racheter », m'a-t-il déclaré. Un tsar ne disparaît pas ainsi, mais si c'était possible, je suis certaine qu'il le ferait.

XIX

Debout dans la petite chapelle de l'orphelinat, Constance suit distraitement le ballet des religieuses en cornette qui s'avancent jusqu'à l'autel pour communier. Le prêtre qui officie ce jour-là est plus jeune que celui qu'elle a pu rencontrer toute la semaine durant sa retraite. Il lui fait penser à son frère Timothée qui vient d'être ordonné. Constance se rappelle alors une conversation avec lui lorsqu'il lui avait annoncé qu'il voulait devenir prêtre. Cette nouvelle n'aurait pas dû la surprendre, ni même la peiner car la famille Cerisaie avait coutume de demander dans sa prière que Dieu leur donne des prêtres ou des religieuses. Pourtant, Constance s'était soudain sentie triste. Elle avait le sentiment de perdre un peu son frère, de le voir sacrifier sa vie.

– Cela n'a rien d'un sacrifice, lui avait alors rétorqué Timothée en riant. Je ne suis pas fou ! Si je fais ce choix, c'est parce que je sais qu'il me rendra heureux.

– Ne rêvez-vous pas d'avoir des enfants ? lui avait demandé

sa sœur en espérant le faire changer d'avis. Cela risque de vous manquer, un jour.

Alors Timothée avait secoué la tête.

– Je me rappelle un moine que j'ai rencontré dans son monastère. Il semblait si heureux que je m'en suis étonné. « Votre vie doit être si monotone et si vide », n'ai-je pu m'empêcher de lui dire. Savez-vous ce qu'il m'a dit alors ?

Constance l'ignorait.

– « Vide ! s'est-il exclamé. L'amour de Dieu est si grand qu'il suffit à remplir toute une vie. Ma présence dans ce monastère en témoigne et je n'ai besoin de rien d'autre pour être heureux. » Vous voyez, Constance, avait alors ajouté Timothée, ma vie à moi aussi est si pleine de cet amour infini que même des enfants ne me manqueront pas.

La petite chapelle de l'orphelinat est presque comble. En dehors de tous les pensionnaires de l'établissement, des hommes et des femmes des villages voisins viennent assister à l'office. Monsieur Pierrot est là, les gardiens également et le jeune domestique russe de Dimitri. Piotr s'étonne de la sobriété de la cérémonie. En Russie, il est habitué à beaucoup plus de faste et de dorures. Certes les vêtements liturgiques des prêtres français sont brodés d'or et l'encens se répand dans l'air à foison. Mais le quasi-dépouillement de la chapelle n'a rien à voir avec les murs tapissés d'icônes des églises orthodoxes.

Piotr jette de temps à autre des regards inquiets sur l'assemblée. Il espérait apercevoir l'homme aux gros favoris roux mais il n'en est rien. Le fidèle domestique de Dimitri ne sait trop que penser de cette situation. Soit le policier de l'Okhrana a abandonné sa poursuite, mais Piotr en doute. Soit il a retrouvé la trace de Dimitri…

XX

La voiture à cheval devant la sienne ralentit pour tourner. En découvrant le nom de la rue dans laquelle elle s'engage, Vladimir se redresse comme un ressort sur son siège. Rue de Grenelle ! La rue de l'ambassade !

– C'est bien ce que je pensais, s'exclame-t-il tout haut. Le traître !

Vladimir Gorovitch sent la sueur couler le long de ses tempes. Un bourdonnement sourd se réveille dans ses oreilles comme toutes les fois où il sent une situation lui échapper. Car à ce moment précis Vladimir Gorovitch est intimement persuadé que Dimitri va déposer à l'ambassade de Russie les preuves de l'identité de Fiodor Kouzmitch dans l'intention de déstabiliser le tsar au pouvoir. « Le traître est sur le point de gagner ! » Cette idée surgit avec force dans l'esprit de Vladimir Gorovitch, provoquant un violent mal de tête, à la limite du supportable. Ce n'est pas possible ! Tout son travail d'enquête risque d'être anéanti en quelques secondes à peine et la famille impériale le tiendra sans doute pour responsable de cet échec. Il doit absolument arrêter Dimitri, dût-il le tuer. À cette idée, le visage de Vladimir se crispe en une horrible grimace et une lueur de folie s'allume dans son œil. Sans attendre, le policier se hisse sur le fauteuil du cocher et se saisit des rênes.

– Mais que... proteste le chauffeur en tentant de reprendre la conduite de son véhicule.

Vladimir Gorovitch ne lui en laisse pas le temps. D'un coup de coude ajusté dans le ventre, il coupe le souffle de son interlocuteur puis lui lance son poing dans le nez. Le pauvre homme n'a rien vu venir. Il s'effondre en silence sur le plancher de sa voiture tandis que Vladimir Gorovitch fouette les chevaux pour accélérer. Bientôt, il est à la portée de la voiture de Dimitri qui trotte paisiblement vers l'ambassade. En tirant violemment sur les rênes, Vladimir Gorovitch déporte son véhicule sur le côté pour doubler celui de Dimitri. La rue n'est pas très large mais le policier ne s'embarrasse pas de ce genre de détail. La roue de sa voiture mord sur le trottoir avec un terrible grincement. Dimitri se redresse. Son cocher vocifère. La voiture de Vladimir Gorovitch est maintenant juste à la hauteur de celle de Dimitri. Alors, sans que le jeune Russe réalise ce qu'il se passe, il voit le conducteur du véhicule voisin se redresser et sauter vers lui le bras levé. Un rayon de soleil frappe alors l'objet que l'inconnu tient à la main : un long couteau effilé.

Dimitri pousse un cri.

Saint-Pétersbourg, le 17 mai 1804

Je suis inquiète. La brave femme chez qui Maria a trouvé refuge m'a fait chercher ce matin. Elle a envoyé un commis du magasin de son époux pour me faire savoir qu'elle m'attendait. Ce seul événement a suffi à m'alarmer. Nous avons convenu en effet que jamais elle ne chercherait à me contacter. C'est trop risqué. Je passe trois fois par semaine m'enquérir de Maria et leur faire à toutes les deux une petite visite. Les autres jours, Paulin et Cassandre se chargent de me donner des nouvelles de la fillette. Leur idylle se poursuit loin du regard des autres et ils ne semblent pas s'en plaindre.
Ce matin pourtant, la femme du luthier a passé outre nos recommandations. J'ai tout de suite compris qu'il se passait quelque chose de grave. Cela fait trois jours que je n'ai pas pu aller voir Maria car maître Boieldieu me garde presque tout le temps auprès de lui pour me dicter les paroles de son nouvel opéra. Paulin non plus n'a pas eu le loisir de se libérer beaucoup. Il n'a fait qu'apercevoir Maria rapidement et elle lui semblait bien.
Lorsque je suis arrivée chez son hôtesse, j'ai trouvé ma pauvre petite protégée alitée dans un lit beaucoup trop grand pour elle. Elle m'a paru soudain si minuscule et si fragile que j'en ai eu les larmes aux yeux. Je déteste voir souffrir ceux qui me sont chers. La femme

qui l'a recueillie m'a dépeint un tableau de la situation fort noir : Maria ne boit ni ne mange plus depuis trois jours. Au début, la femme a cru que c'était là une comédie d'enfant. Elle-même n'en ayant jamais eu, elle a jugé que cela devait être normal. Le deuxième jour pourtant, elle a commencé à s'inquiéter car Maria pâlissait de plus en plus et ses yeux se bordaient de gros cernes noirs. Et ce matin, la petite s'est effondrée en tentant de sortir de son lit. La pauvre femme a eu si peur qu'elle a décidé de me faire prévenir sur-le-champ. Son geste n'était pas prudent mais je lui suis reconnaissante d'avoir agi de la sorte. L'état de Maria n'est pas une mauvaise farce d'enfant coléreux. Cela semble être une vraie maladie qu'il faudra soigner avec le plus d'attention possible.
À mon arrivée, Maria a esquissé un faible sourire et je suis parvenue à lui faire avaler un peu de bouillon. C'est un bien maigre repas mais c'est toujours mieux que de ne rien prendre. Désormais je dois à tout prix trouver un médecin qui puisse me dire rapidement ce dont souffre Maria et comment la soigner. Mais je ne veux pas mettre l'enfant entre les mains de n'importe qui. Je ne connais aucun docteur ici car j'ai la chance d'être de constitution solide. Je ne suis presque jamais malade. Le seul praticien dont j'ai entendu parler de temps à autre se nomme Alexei Rochenkovski. Il est le médecin privé du tsar. Alexandre Ier m'en a dit beaucoup de bien.
Si seulement j'osais...

Saint-Pétersbourg, le 18 mai 1804

Le tsar m'a montré là une preuve de son amitié pour moi. Il a vu que j'étais très inquiète. Il a simplement cherché à savoir ce qui me préoccupait au point d'être un peu distraite lorsqu'il me parlait. Il ne m'a pas pour autant pressée de questions ni ne m'a demandé d'entrer dans les détails. Je lui ai répondu qu'une enfant sur laquelle je veillais dans le chœur et à laquelle j'étais très attachée était souffrante. Il a aussitôt proposé de m'envoyer son médecin personnel le plus vite possible. « C'est un homme de science et de cœur », m'a-t-il dit.

Le tsar m'a raconté qu'il avait rencontré Alexei Rochenkouski il y a cinq ans, sur un champ de bataille. Alexei Rochenkouski était médecin militaire. Quand le tsar l'avait vu pour la première fois, il était accroupi auprès d'un soldat mourant. L'homme était très gravement touché. Aucune médecine ne pouvait plus rien pour lui, pourtant le jeune docteur était resté à ses côtés plutôt que de l'abandonner. Et il priait avec lui afin de ne pas le laisser seul au moment du grand passage vers l'au-delà. Le tsar, qui est très pieux, avait aussitôt aimé cet homme pour qui la science médicale n'était pas suffisante pour pratiquer son art. Il avait apprécié sa façon d'être plus qu'un simple médecin, un soutien.

Le tsar Alexandre a tenu sa promesse. Une heure plus tard à peine, quelqu'un frappait à ma porte.
Lorsque j'ai ouvert, j'ai cru d'abord que le médecin m'avait envoyé son assistant. Alexei Rochenkovski paraît à peine plus âgé que moi. Je l'aurais imaginé plus vieux et donc plus expérimenté. L'homme a aussitôt perçu mon désarroi et il m'a bien certifié être le médecin personnel du tsar. Il m'a montré pour cela la lettre que ce dernier lui avait fait parvenir. Elle était écrite de la main même de l'empereur. Il me recommandait chaudement au médecin et lui enjoignait de faire preuve à mon égard de toute la discrétion nécessaire. Il ne souhaitait pas que cette faveur qu'il m'accordait puisse être mal interprétée et m'importuner d'une manière ou d'une autre. Il priait également le médecin de ne rien me faire payer. Il se chargerait de régler toutes ses consultations au chevet de ma petite malade.
Cette lettre m'a rassurée quant à l'identité du jeune homme mais je n'en restais pas moins surprise par son âge. Toutefois je l'ai amené auprès de Maria. Je devais lui faire confiance de toute façon. Je ne connais personne d'autre.
Quand il est entré dans la chambre, Maria, qui était trop affaiblie, n'a même pas tourné la tête dans notre direction. Elle était encore plus pâle que la veille et l'on pouvait apercevoir les veines bleues de son cou sous sa peau translucide. Le docteur s'est approché doucement et s'est penché vers elle en se présentant. Alors Maria a souri faiblement. Il faut dire qu'Alexei Rochenkovski a un visage très doux et rassurant. Sans doute est-ce le pendant de son air si jeune. Il ne ressemble pas à ces vieux médecins qui effrayent parfois les enfants à cause de leur voix grinçante et de leurs yeux

grossis par les verres de lunettes. Alexei Rochenkovski est blond comme de très nombreux russes de Saint-Pétersbourg. Ses yeux sont d'un bleu très pâle, cerclé de noir. Cela lui donne un regard étrange, très profond, lorsqu'il vous dévisage.

Le docteur a examiné Maria avec une infinie douceur. Le travail de ses mains fines et soignées m'a fascinée. Il palpait le torse et le dos de Maria par petites pressions successives et revenait en arrière lorsqu'il lui semblait sentir quelque chose. En même temps qu'il travaillait, il expliquait tout à Maria afin de ne pas l'inquiéter. Ensuite il a touché son cou à la recherche de ganglions et demandé à regarder sa gorge. Puis il lui a posé de nombreuses questions auxquelles la fillette essayait de répondre le mieux possible d'une voix faible.

Les conclusions de cet examen minutieux sont rassurantes d'un point de vue physique. Maria ne souffre visiblement d'aucune maladie ni d'aucune infection connue. Si elle accepte de se nourrir de nouveau, elle devrait retrouver ses forces très rapidement.

Alexei Rochenkovski s'est montré d'une très grande discrétion. Il ne m'a pas pressée de questions quand bien même il aurait pu. Il n'a pas non plus fait la moindre remarque quant au fait que Maria ne vive pas au palais comme il l'aurait aisément imaginé, mais cachée dans une arrière-boutique. Il s'est contenté de me faire des recommandations pour son alimentation. Il faudra la forcer à boire du bouillon plusieurs fois par jour pour commencer. Lorsqu'elle aura retrouvé un semblant d'appétit, je devrai alors passer à des aliments plus solides. Seule la présence aimante de ceux qui l'entourent pourra l'aider à reprendre le dessus, m'a-t-il dit. À moins que le mal ne soit plus profond.

XXI

Sœur Marie-Agnès agite encore longuement la main, bien après que le train a disparu au loin. Elle a tenu absolument à raccompagner ses amies à la gare. Elle ne pourra être présente au mariage d'Émilie et cela la chagrine. Elle voulait donc pouvoir profiter d'elle et de Constance jusqu'au bout.

Lorsque la gare n'est plus visible, Constance et Émilie rentrent la tête à l'intérieur du wagon et ferment la fenêtre. Elles se regardent et éclatent de rire. Le vent et la vitesse ont arraché leurs chignons et emmêlé leurs cheveux. Leurs joues sont rougies par l'air frais et leurs yeux brillants débordent des larmes que le froid a provoquées. On croirait voir deux sauvageonnes sortant d'une folle équipée. Ernestine et Eugénie les observent d'un air navré. Cela va leur prendre un temps fou pour remettre un peu d'ordre dans la coiffure de ces jeunes demoiselles. Prévenante et affairée, Eugénie fouille dans le sac de grosse toile qui ne la quitte jamais et se précipite vers Émilie, une brosse à la main.

– Laisse cela, la remercie la jeune fille en l'écartant gentiment. Je vais m'en accommoder.

Elle lisse rapidement ses cheveux avec le plat de sa main et les fixe sur sa nuque avec quelques épingles.

– Mais mademoiselle, tente Eugénie.

– Je t'assure que cela ira.

Émilie regarde Eugénie, le regard pétillant. Sa coiffure est en pagaille il est vrai mais elle a rarement été aussi jolie. La perspective de revoir dans deux jours Théophile son fiancé lui donne des ailes et la fait paraître radieuse.

– Repose-toi, Eugénie, ajoute-t-elle. Nous aurons bien le temps de nous coiffer plus tard. Le trajet va être long.

La domestique hésite un instant :

– Me permettez-vous de me lever alors ? demande-t-elle.

Émilie sourit.

– Bien sûr !

Eugénie a les jambes lourdes depuis quelques mois et la pauvre femme n'aime pas rester immobile très longtemps. Les trajets en train se sont révélés être un vrai supplice pour elle. Aussi dès qu'elle peut marcher un peu, elle se précipite. Cela la soulage toujours beaucoup.

Ernestine jette un regard vers sa maîtresse.

– Tu peux l'accompagner bien entendu, lui dit Constance qui a lu dans ses pensées.

Les deux gouvernantes quittent la cabine avec un empressement non dissimulé. Depuis que les deux jeunes filles dont elles ont la charge se connaissent, elles ont eu le temps de devenir amies. Elles n'aiment rien tant que de bavarder de longues heures en attendant que leurs jeunes maîtresses les appellent à leur service. De ce côté-là, elles ont beaucoup de chance l'une et l'autre. Émilie et Constance sont très indépendantes et débrouillardes. Elles n'exigent pas leur présence à leurs côtés à n'importe quelle heure du jour et de la nuit comme cela se passe souvent.

Ernestine et Eugénie parties, Émilie et Constance peuvent elles aussi discuter tout à leur aise. C'est Constance qui se lance la première.

– Vous aviez raison, dit-elle sans préambule. Je dois faire confiance et poser un choix.

Émilie fixe son amie avec attention.

– Cette retraite m'a fait beaucoup de bien, poursuit Constance. Elle m'a donné l'occasion de réfléchir.

Émilie se tait mais ne perd pas un mot de ce que lui dit son amie.

– Je sens vraiment l'appel du Seigneur à me donner aux autres. En revanche je ne m'imagine pas religieuse dans un couvent ou un orphelinat. J'ai trouvé bien trop difficile de devoir rester à la campagne loin de la ville, sans rien faire !

Émilie rit. Elle aussi s'aperçoit que la ville et son agitation lui ont beaucoup manqué. À moins que ce ne soit Théophile tout simplement.

– Vous souvenez-vous de Gabrielle ? continue Constance.

Émilie hoche la tête. Élisabeth d'Espérance avait rencontré Gabrielle sur le bateau, lorsqu'elle était partie au Canada. La jeune femme toujours joyeuse et enthousiaste avait décidé de devenir religieuse. Mais la vie religieuse n'avait pas voulu d'elle, en quelque sorte. Entrée au couvent, Gabrielle était tombée très gravement malade. Les sœurs avaient refusé de la garder. Sa santé trop fragile les inquiétait. Loin de s'effondrer, Gabrielle avait rebondi pour répondre à l'appel qu'elle avait reçu mais d'une autre façon. Elle avait rejoint Élisabeth dans son petit village iroquois et elle était devenue missionnaire.

– Je veux être missionnaire ! lance Constance avec enthousiasme.

Émilie écarquille les yeux. La nouvelle la surprend pour le moins.

– Mais vous disiez à l'instant que la vie à la campagne vous déplaisait, note-t-elle.

– Il est vrai.

– Les missionnaires ne vivent pas en ville, rappelle Émilie. Elles habitent plutôt des endroits isolés et retirés du monde.

Les remarques très justes de son amie ne suffisent pas à entamer l'enthousiasme de Constance. Sa décision est prise : elle sera missionnaire.

– C'est la campagne, certes, admet-elle, mais il y a tant de choses à faire que jamais je ne pourrai m'y ennuyer ! Je me suis rendu compte ces quelques jours que je ne pourrais rester cloîtrée dans un couvent sans autre activité que la prière.

– Ce n'est pourtant pas ainsi que vit sœur Marie-Agnès. Elle s'occupe des enfants toute la journée.

– Je sais, mais le temps à l'Espérance m'a semblé si long… Il me faut quelque chose de plus vivant. En mission, je suis sûre qu'aucune journée ne ressemble à une autre.

– Ni qu'aucun marchand de tissu ne vient jamais vous proposer de nouvelles toilettes, ne peut s'empêcher d'ajouter Émilie.

Constance lui lance un regard plein de reproche.

– Je n'aime pas votre ironie, la tance-t-elle.

– Pardonnez-moi, Constance, s'excuse Émilie. Mais c'est que j'ai tant de mal à vous imaginer missionnaire.

– J'en ai pourtant déjà tout l'air, rétorque Constance en riant et en secouant sa chevelure ébouriffée.

XXII

Dimitri porte la main à sa joue. Un mince filet de sang glisse le long de ses doigts. La blessure brûle un peu mais elle n'est que superficielle. Dimitri se félicite de l'entraînement militaire qu'il a suivi peu avant de partir en voyage. En prévision de sa future carrière dans l'armée du tsar, il avait repris des cours d'épée et de fleuret avec un maître d'armes. Il avait également suivi quelques leçons de lutte et avait passé de longues heures à se muscler, en dehors du sport qu'il avait coutume de pratiquer régulièrement. Dimitri Rochenkovski savait qu'il serait appelé à commander des hommes dans l'armée et à se battre à leur côté. Il voulait se montrer à la hauteur et pouvoir être un exemple de bravoure pour ceux qui le suivraient.

Lorsque l'homme avait fondu sur lui, un couteau à la main, le jeune homme avait eu un heureux réflexe. Plutôt que de tenter de se protéger le visage ou le cœur avec son bras, il avait roulé sur le côté. Le poignard lui avait simplement effleuré la joue avant de se planter dans le siège en cuir de la voiture. L'agresseur avait tenté de le récupérer et de frapper de nouveau. Mais Dimitri ne lui en avait pas laissé le temps. D'un mouvement de la jambe, il avait déstabilisé l'homme, qui s'était affaissé sur son arme en se tranchant la paume sur la lame. Puis Dimitri s'était redressé, prêt à lui asséner un nouveau coup. Mais l'homme qui était blessé l'avait esquivé avec habileté. Il avait finalement réussi à reprendre son couteau et, se sachant en position d'infériorité, il avait sauté en bas de la voiture et avait disparu en courant sous un porche.

Tout s'était passé si vite que les rares passants dans la rue ne s'étaient aperçus de rien. Quant à Dimitri, il n'avait même pas distingué le visage de son agresseur.

– Monsieur ? appelle le cocher avec inquiétude.

Dimitri un peu abasourdi par ce qui vient de se passer a fermé les yeux un court instant. Lorsqu'il les rouvre, son chauffeur est penché au-dessus de lui, depuis le siège où il est assis devant.

– Comment allez-vous ?

Dimitri sourit en s'essuyant la joue.

– Bien, ne vous inquiétez pas.

– Cet homme est un fou dangereux, s'exclame le cocher qui a été surpris par la violence de l'attaque. Je n'ai jamais rien vu de pareil.

Dimitri se redresse sur la banquette.

– Avez-vous pu voir qui il était ? demande-t-il au brave homme qui le conduit.

– À peine.

– Blond ? Brun ?

– Plutôt blond, répond le cocher. Quoique… Il avait une sorte de barbe mal rasée qui tirait plutôt sur le roux.

Dimitri se raidit. Vladimir Gorovitch. Ainsi il avait réussi à le suivre. Le jeune homme s'en voulait de ne pas s'être montré assez prudent. Il pensait pourtant avoir fait preuve d'une grande discrétion à La Rochelle.

– Voulez-vous toujours vous rendre à l'ambassade ? demande le cocher.

Dimitri hoche la tête.

– Plus que jamais mon ami, lance-t-il d'un ton pressant.

Saint-Pétersbourg, le 21 mai 1804

L'état de Maria ne cesse d'empirer et le docteur Rochenkouski ne se montre pas très optimiste si nous ne trouvons pas très vite un moyen de la faire manger. La fillette refuse toujours de s'alimenter et je suis incapable d'en connaître la raison. Le médecin me soutient que ma petite protégée ne souffre d'aucune maladie. Il suppose maintenant qu'elle se rend malade toute seule, mais il est bien en peine lui aussi de savoir pourquoi. Ce sont sa tête et son cœur qui sont malades, me dit-il, et c'est souvent ce qui est le plus difficile à soigner.
La brave dame chez qui vit Maria depuis peu a sa théorie sur ce mal étrange, et je suppose qu'elle a raison même si je me refuse à l'entendre tout à fait. Cela me rappelle trop vivement les symptômes développés par la fillette à l'Espérance après la disparition de ses parents. La tristesse lui a ôté le goût de vivre. Son hôtesse me certifie que Maria souffre de la solitude et qu'elle a besoin de pouvoir sortir librement et de vivre une vie normale. Mais qu'y puis-je ? Cela n'est pas possible et beaucoup trop risqué. Je n'aurais jamais dû l'amener ici à Saint-Pétersbourg...

Mes seuls réconforts me viennent de l'amitié de Paulin, de mes entretiens avec le tsar, et du docteur Rochenkouski qui passe plusieurs fois par jour s'enquérir de sa petite patiente. Je n'aurais jamais imaginé que le médecin personnel du tsar puisse nous consacrer autant de temps et je lui en suis infiniment reconnaissante. Avec lui, au moins, Maria accepte d'avaler un peu de bouillon parfois. Pour ma part, je n'y arrive même plus. Lorsque je la regarde, je lis dans ses yeux un reproche muet qui me broie le cœur. Je dois trouver une solution pour lui permettre de recouvrer sa liberté et de sortir le plus vite possible. Mon Dieu, aidez-moi !

XXIII

Voilà maintenant plus d'une semaine que Vladimir Gorovitch a perdu la trace de Dimitri. La dernière fois qu'il l'a vu, c'était lors de son attaque manquée, rue de Grenelle. Il avait dû fuir pour éviter que le jeune homme ne se lance à sa poursuite. Depuis, il ignorait tout de ce qu'il avait pu faire ensuite. Il était sans aucun doute allé à l'ambassade pour y déposer ses preuves. Rien que d'y penser, Vladimir s'étranglait de rage. Pour un peu, il en avalerait de dépit ses gros favoris roux qui ont eu le temps de repousser depuis. Il s'est donc promis de retrouver Dimitri pour lui faire payer sa trahison. Désormais, il ne s'agit plus d'une affaire d'État mais d'une affaire personnelle. Dimitri lui a échappé une fois, il n'y parviendra pas une deuxième fois. Qu'importe si la famille impériale a décidé de réhabiliter Fiodor Kouzmitch et de laisser Dimitri et sa famille tranquilles. Lui n'abandonnera pas.

Continuer de chercher le jeune homme dans Paris s'annonçait laborieux et sans doute inutile. Vladimir Gorovitch avait préféré retourner à La Rochelle, chez le vieux paysan bougon qui lui avait offert le gîte. Le policier espère que Dimitri Rochenkovski reviendra un de ces jours prochains dans les environs. N'a-t-il pas laissé là tous ses bagages et même le domestique ? S'il a perdu le maître, le policier n'entend pas laisser le domestique s'échapper. Il le garde à l'œil. Avec un peu de chance, il lui suffira de suivre Piotr pour retrouver la trace de Dimitri. Le jeune homme n'a pas pu disparaître de façon définitive. Il reviendra forcément ou bien Piotr commettra une erreur qui trahira son maître sans le vouloir. Ce jour-là, Vladimir Gorovitch s'est promis d'être là.

Le regard de Vladimir Gorovitch se voile tout à coup. La haine mêlée à la folie se lit dans ses yeux. Le policier accélère le pas, il ne doit pas quitter Piotr d'une semelle.

À quelques centaines de mètres de l'endroit où Piotr fait des achats pour le compte du pensionnat, suivi de près par le policier de l'Okhrana, un homme descend du train en provenance de Paris et hèle une voiture à cheval.

– Au château de l'Espérance ! lance-t-il au conducteur avant de s'engouffrer dans la voiture couverte et de s'enfoncer dans le fauteuil en prenant soin de dissimuler son visage sous son chapeau.

La voiture s'ébranle rapidement et s'engage sur l'allée de pavés qui longe la gare. Dimitri grimace en se tenant le dos. Décidément ces trajets sont bien inconfortables. Il est loin du voyage d'agrément luxueux qu'il avait projeté de faire.

Le jeune homme sait qu'il est dangereux de revenir à l'Espérance, mais il doit à tout prix récupérer les mémoires de son arrière-grand-mère avant que mesdemoiselles Décochet et Cerisaie ne repartent. Dimitri se souvient en effet y avoir lu certaines confidences du tsar. Il disait vouloir disparaître et changer de vie. Ces quelques mots sont à eux seuls un élément plus que compromettant s'ils tombaient entre les mains de Vladimir Gorovitch. Ils suffiraient à justifier sa folie. Depuis son entretien avec l'ambassadeur de Russie, Dimitri est persuadé que le sinistre policier fait cavalier seul et qu'il ne lâchera pas prise avant d'être parvenu à ses fins : détruire toutes les preuves de l'identité de Fiodor Kouzmitch.

À Paris, l'ambassadeur de Russie lui avait confirmé de façon très officielle l'abandon des recherches par la famille royale et le rappel de toutes les forces de police en charge de l'affaire. Pour le diplomate, si Vladimir Gorovitch était toujours aux trousses de Dimitri, c'était de sa propre initiative. Trois jours plus tard, le journaliste que Dimitri était parvenu à contacter lui apportait une autre information qui allait dans le même sens. Les agents de l'Okhrana qu'il avait contactés à Moscou sur cette affaire lui avaient révélé qu'ils n'avaient plus aucune nouvelle de l'agent Gorovitch. Ce dernier avait disparu sans laisser de traces. D'aucuns pensaient qu'il avait été victime d'un règlement de comptes car le policier était connu pour avoir participé à plusieurs opérations pour mettre des personnages influents sous les verrous. Il n'était pas improbable que l'un d'entre eux se soit vengé en le faisant tuer. D'autres pensaient que Vladimir pouvait également avoir poursuivi l'enquête de son côté. Cette affaire l'obsédait au-delà du raisonnable et ce ne serait pas la première fois que l'homme aurait décidé de faire justice tout seul.

Tout cela n'avait rien de très rassurant et Dimitri savait qu'il avait maintenant un dangereux forcené sur ses traces. Demander l'aide de l'Okhrana lui paraissait encore trop risqué : il préférait n'avoir recours à elle que lorsque toutes les éventuelles pièces compromettantes auraient disparu. S'il voulait retrouver un peu de sérénité et une vie à l'abri des menaces, il devait donc commencer par éviter que Vladimir Gorovitch ne tombe en possession de quoi que ce soit qui puisse conforter sa folie. Ensuite, Dimitri aviserait.

XXIV

Lorsque la voiture ralentit enfin, le cœur de Dimitri se met à battre plus fort. Pourvu que Vladimir Gorovitch ne soit pas posté quelque part dans les buissons. Dimitri n'est pas idiot. Il sait que le policier de l'Okhrana a très bien pu revenir à l'Espérance afin de l'y attendre. Depuis qu'il a perdu sa trace à Paris, il est évident qu'il ne lâchera pas la seule piste qui le relie encore à lui : Piotr. Les hommes de l'Okhrana sont patients, terriblement patients…

Dimitri passe le bras par la portière pour payer le cocher puis scrute les alentours. Tout est calme. Il ouvre alors la porte, renfonce le chapeau sur ses oreilles et fonce vers le perron, tête baissée. Lorsqu'il arrive devant la porte, il manque de faire tomber le facteur qui sort au même moment. Sœur Cécile, qui le raccompagne, pousse un petit cri.

– Dame ! En voilà des façons ! grogne le facteur en se frottant le bras.

– Pardon, bredouille Dimitri.

Le vieux Pierrot le regarde d'un air soupçonneux.

– Qu'êtes-vous don' à entrer ainsi comme une tempête ! tonne-t-il.

– Euh… hésite Dimitri.

– Personne n'vous a jamais appris à vous découvrir d'vant les dames ?

– Monsieur Pierrot ! le gronde gentiment sœur Cécile.

Mais Dimitri l'arrête.

– Ce monsieur a raison, ma sœur. C'est moi qui suis très mal élevé. Pardonnez-moi, ajoute-t-il en soulevant rapidement son couvre-chef.

Sœur Cécile le reconnaît aussitôt.

– Monsieur Rochenkovski ! s'exclame-t-elle.

Dimitri baisse la tête et pose un doigt sur ses lèvres.

– S'il vous plaît, murmure-t-il en entrant.

Le vieux facteur, qui observe la scène, ne comprend rien à ce qui se passe, pas plus que sœur Cécile.

– En v'là des manières, bougonne-t-il. C'ilou !

Sœur Cécile fronce les sourcils gentiment.

– Sœur Cécile, se reprend le vieil homme. Tout va bien ?

La religieuse sourit.

– Oui. Je vous promets.

– J'avions pensé… ajoute-t-il en jetant des regards obliques à Dimitri.

– Tout va bien, vraiment. Je connais ce monsieur.

Monsieur Pierrot hausse les épaules et s'éloigne en râlant. Un peu plus tard dans la soirée, lorsque son locataire rentrera de sa journée, il ne pourra pas s'empêcher de lui servir un petit commentaire désobligeant à propos de ses compatriotes russes. Le père Pierrot n'aime pas beaucoup l'homme qui le paye pour dormir près du toit à cochons et il ne perd pas une occasion de lui montrer que les Français sont des êtres bien supérieurs aux Russes.

– Merci ma sœur, dit Dimitri lorsque sœur Cécile a refermé derrière elle.

– Excusez-le. Il ne pensait pas à mal mais il me connaît depuis si longtemps qu'il se croit obligé de me protéger toujours un peu.

Le vieux facteur trouve en effet mille et un prétextes pour se rendre à l'orphelinat. Il apporte le courrier mais également des pommes ou des semences. Souvent, on le voit qui traîne dans l'établissement pour aider au potager ou assister aux offices. Sœur Cécile observe son manège avec attendrissement. Elle sait qu'elle est la cause de toutes ces allées et venues. Elle connaît le père Pierrot depuis toute petite et lorsque ses parents sont décédés le brave facteur a promis de veiller sur elle comme sur sa propre fille. Lorsque Cécile lui a annoncé un jour qu'elle souhaitait devenir religieuse, le pauvre homme en a été complètement déstabilisé. Depuis il a besoin de s'assurer chaque jour qu'elle est heureuse.

– Il a raison, constate Dimitri. Je me suis fort mal comporté à votre égard en arrivant. Je vous demande pardon. J'ai manqué à tous mes devoirs.

Sœur Cécile balaye l'air de la main pour passer à autre chose.

– Vous sembliez pressé, note-t-elle.

– Non. Enfin oui. Mais… C'est assez compliqué. Je dois

absolument revoir les deux jeunes filles qui étaient là lorsque vous m'avez vu pour la première fois.

Sœur Cécile réfléchit un instant pour tenter de retrouver de qui il s'agit. Il passe tant de monde à l'orphelinat.

– Mademoiselle Cerisaie et mademoiselle Décochet ? demande-t-elle finalement.

– Oui.

– Mais elles ne sont plus là, déplore sœur Cécile. Elles sont reparties depuis plusieurs jours déjà.

Dimitri se mord la lèvre.

– Parties ?

– Oui. Leur retraite était terminée. Il n'y avait pas de raison qu'elles s'attardent plus longtemps. L'une d'entre elles se marie bientôt.

Une ombre passe dans le regard du jeune homme.

– Constance ?

Sœur Cécile le regarde sans comprendre.

– Est-ce mademoiselle Cerisaie qui se marie ?

– Je l'ignore. Je n'ai pas beaucoup eu l'occasion de discuter avec elles.

Dimitri ferme les yeux un court instant puis se ressaisit. Ce n'est pas le moment de compliquer les choses.

– Savez-vous si elles ont laissé quelque chose pour moi ? demande-t-il.

Sœur Cécile secoue la tête.

– Je l'ignore également. En tout cas elles ne m'ont rien donné.

Vous êtes parti si vite. Je suppose qu'elles ne pensaient pas vous revoir jamais.

– Votre mère supérieure est-elle en mesure de me recevoir ? interroge alors Dimitri.

– Je vais le lui demander.

La jeune religieuse introduit le visiteur dans le grand salon et s'éclipse sans bruit. À cette heure-ci, l'orphelinat est très calme. Les élèves sont toutes en études et il règne une ambiance studieuse et apaisante avant la nuit.

Dimitri est assis depuis à peine quelques minutes lorsque mère Marguerite Marie le rejoint.

– Ma sœur ! s'écrie-t-il. Pardon, ma mère !

Mère Marguerite Marie agite sa cornette avec une certaine bonne humeur.

– Mère, sœur… Peu importe. Je suis votre sœur en Christ avant tout.

Mère Marguerite Marie dévisage le jeune homme. Ses traits sont tirés et il semble soucieux.

– Votre lettre m'a beaucoup inquiétée, dit-elle enfin.

– Je vous devais la vérité après votre accueil si chaleureux.

– La police du tsar vous poursuit-elle toujours ?

Dimitri secoue la tête.

– Hélas, je crains que cela ne soit plus compliqué et plus dangereux. J'ai à mes trousses un homme seul mais plus déterminé que toute la police du tsar. Il n'agit plus sur les ordres de ses supérieurs mais selon son propre instinct. Il a déjà tenté de me tuer une fois. Je ne doute pas qu'il réessayera.

Mère Marguerite Marie ouvre la bouche, stupéfaite.

– Seigneur ! s'exclame-t-elle. Comment puis-je vous aider ?

Dimitri a un geste d'impuissance.

– Oubliez tout cela ma mère et consacrez-vous à vos pensionnaires. Ils ont bien davantage besoin de vous que moi.

– Pourquoi être revenu alors ?

– Je viens chercher mon domestique et récupérer les mémoires de mon arrière-grand-mère, Élisabeth d'Espérance. Je crois me souvenir qu'elle faisait allusion au désir de l'empereur de changer de vie. Je ne voudrais pas qu'un tel ouvrage tombe dans les mains de ce policier.

– Pensez-vous qu'il vous poursuive à cause de ces mémoires ? demande mère Marguerite Marie avec appréhension.

– Je n'en sais rien. J'ignore même s'il sait qu'ils existent et que je suis en leur possession. Mais je préfère ne pas lui laisser le loisir de s'en saisir.

XXV

Il le tient ! Pour une fois les jérémiades du fermier à propos des Russes ont semblé douces aux oreilles de Vladimir Gorovitch. Dimitri Rochenkovski est revenu à l'Espérance. Il en a la preuve. Le père Pierrot lui a raconté la scène de son arrivée plusieurs fois en insistant sur sa mauvaise éducation.

– Ah ces Russes ! bougonnait l'homme à qui mieux mieux. Des rustres !

– Comment pouvez-vous certifier qu'il s'agissait d'un Russe ? lui avait demandé Vladimir en feignant d'être offusqué par cette accusation.

– Y'était blond ! avait répliqué le facteur. Blond comme le blé.

– Tous les blonds ne sont pas russes.

– Mais ç'ui-là l'était. Je le jurions ! Je l'avions déjà vu par ici. Même que C'ilou le connaissait elle aussi. Elle l'a ap'lé m'sieur Rocvski, Rovenski, Roskenski... Quèqu'chose comme ça ! On n'a pas idée d'avoir des noms si compliqués !

Vladimir n'avait rien ajouté. Une onde de chaleur lui avait

parcouru l'échine avec une délicieuse sensation de béatitude : sa vengeance était proche.

Depuis, Vladimir Gorovitch échafaude son plan tout en aiguisant son couteau avec soin. Il mesure toutes les possibilités qui s'offrent à lui et hésite encore entre cueillir Dimitri directement dans l'orphelinat ou attendre qu'il en ressorte.

XXVI

Vladimir Gorovitch est tapi derrière un buisson lorsque la porte du château de l'Espérance s'ouvre pour la première fois de la journée. Le soleil est à peine levé. L'air est frais et le policier a les pieds humides de rosée mais pour rien au monde il ne quitterait sa cachette. Sa position est stratégique. Toute personne quittant l'orphelinat par-devant ou même par-derrière, par une issue secondaire, est obligée de passer devant lui. À moins de faire un très important détour par des champs à découvert, ce qui rendrait la fuite trop peu discrète.

Dix heures plus tard, Vladimir Gorovitch est perclus de courbatures. Qui plus est, il est grelottant et toujours bredouille. Dimitri n'a pas fait son apparition et un amer pressentiment commence à s'emparer du policier. Il a vu Piotr sortir et partir pour déambuler dans La Rochelle comme à son habitude. Il l'a vu revenir également. Il a aperçu le père Pierrot plusieurs fois alors qu'il apportait le journal et, plus tard, des poireaux. Il a compté le nombre de visiteurs qui se présentaient à la porte du château, noté avec soin leur heure d'arrivée et de départ. Il a même dressé la liste des élèves qu'il pouvait apercevoir. Mais dans tout cela, pas de Dimitri. Pas un seul Russe blond à l'horizon. C'est désespérant.

Dimitri Rochenkovski est bien au château de l'Espérance pourtant. Il attend la nuit tombée pour quitter l'endroit. Si Vladimir Gorovitch avait osé, il aurait pu en profiter pour lui mettre facilement la main dessus. Car Dimitri a dormi profondément une grande partie de la journée. La veille au soir, peu après l'arrivée du jeune homme à l'orphelinat, mère Marguerite Marie lui avait proposé une chambre pour se reposer. Il avait aussitôt accepté. Il n'avait presque pas dormi depuis son départ de Paris et il se doutait qu'il ne pourrait fuir éternellement s'il ne trouvait pas l'occasion de refaire ses forces en dormant. Il avait donc profité d'une chambre d'urgence cette fois-ci et il avait sombré dans le sommeil, un sommeil si profond qu'il n'avait même pas entendu Piotr entrer dans la pièce pour s'assurer que tout allait bien. Le jeune domestique était heureux de découvrir que son maître était rentré. Il attendrait qu'il se réveille pour lui faire un rapport de la situation.

À son réveil, Dimitri se sentait extrêmement bien. Il avait dormi beaucoup plus longtemps qu'il ne l'avait imaginé et s'apprêtait à repartir pour perdre le moins de temps possible, lorsque Piotr était revenu de La Rochelle avec de mauvaises nouvelles.

– Vladimir Gorovitch ne m'a pas suivi aujourd'hui, avait-il annoncé. J'ai fait plusieurs grands tours dans la ville mais je n'ai jamais aperçu ses favoris.

– Il les aura rasés, avait grommelé Dimitri.

– Je suis sûr de moi, avait repris Piotr. Il est sur mes traces depuis près d'une semaine et j'ai eu le temps de me familiariser avec son pas et sa silhouette. Il a peut-être été prévenu de votre retour et il vous guette.

Le sérieux avec lequel Piotr envisageait la situation avait glacé Dimitri. Il n'était plus question qu'il quitte maintenant l'orphelinat. Et même de nuit, l'opération était risquée. Mais Dimitri n'avait pas le choix. Il ne pouvait rester indéfiniment à l'Espérance. Tôt ou tard le policier tenterait de nouveau quelque chose contre lui.

Il est presque dix heures du soir quand deux religieuses sortent du château pour grimper dans une voiture à cheval. Dans la pénombre grandissante, on n'aperçoit que leurs cornettes blanches qui luisent à la lumière de la lune. Lorsque la voiture passe non loin de la cachette de Vladimir, le Russe porte machinalement la main à la tête pour se découvrir, même si personne ne le voit. Depuis qu'il est tout petit, on lui a appris à saluer les religieuses. Cette fois-ci pourtant, en place de religieuses, ce sont deux jeunes hommes déguisés qui viennent de passer devant lui. L'un d'eux, très blond, a dans la poche un petit papier avec les adresses de Constance et d'Émilie à Lyon.

Saint-Pétersbourg, le 22 mai 1804

J'ai assisté hier soir à mon premier bal à la cour ! Qui eût cru que je me mêlerais jamais à toutes ces femmes splendides et raffinées qui peuplent le palais ? Mais le tsar a insisté pour m'inviter à cette fête qu'il donnait en l'honneur de son cousin, grand-duc du royaume. Comme Henriette n'avait pas eu le temps de commencer la robe de bal qu'elle m'avait promise, j'ai passé l'un des costumes de scène que Cassandre, la fiancée de Paulin, m'a prêtés. C'est une robe à la coupe très simple mais agrémentée de rubans et de longs gants de satin, elle fut tout de même du meilleur effet.

Si j'étais fière du reflet que me renvoyait le miroir dans ma chambre, je le fus beaucoup moins en pénétrant dans la salle de bal. La lumière des lustres chargés de bougies était si vive, l'éclat des dorures si intense et les toilettes de ces dames si élégantes et recherchées que je me suis soudain sentie toute petite. Certaines des femmes avec lesquelles je visite les pauvres sont venues me trouver et discuter avec moi, un peu étonnées malgré tout de me voir ici. Mais bien vite leurs cavaliers me les ont enlevées pour les entraîner dans une valse lente ou un joyeux quadrille. Le tsar, que j'ai aperçu au loin, m'a saluée d'un signe de la tête et d'un sourire puis est retourné à sa conversation au centre d'un groupe de jeunes officiers.

Au milieu de ce faste, je ne perdais pas une miette du spectacle.

Tout ceci était si différent des soirées que donnaient parfois nos parents à l'Espérance ou de celles encore de la bourgeoisie canadienne. Les bijoux ici étaient plus brillants, les femmes plus belles et le décor du palais plus grandiose. Je n'ai jamais vu un tel étalage de richesses et il me fit oublier un instant la pauvre Maria. J'acceptai même quelques danses. Certes les demandes ne furent pas aussi nombreuses que celles aux autres femmes, qui notaient avec élégance le nom de leurs cavaliers à venir dans leur carnet de bal. Elles furent suffisantes néanmoins pour me permettre de m'amuser un peu et de profiter de ma soirée.
À un moment, un homme s'avança vers moi pour m'inviter. Je ne le reconnus pas tout de suite car il portait son grand uniforme de l'armée impériale. Alexei Rochenkovski était superbe et j'avoue que la tête me tourna de plaisir lorsque je me laissai aller dans ses bras pour une valse. J'aurais aimé que la musique ne s'arrête jamais. Hélas, l'orchestre s'est tu et Alexei a disparu, happé par des coquettes de la cour et des ambassadeurs aux poitrines bardées de médailles.

Après m'être grisée de musique et de danse, je décidai de quitter le bal lorsque je croisai la femme aux yeux d'émeraude. Elle eut bien du mal à dissimuler sa surprise de me voir là et je cachai difficilement mon embarras également. Je ne pouvais me dérober. Profitant alors de cette occasion de pouvoir enfin me parler, la femme m'a attrapée par le bras et entraînée dans un petit boudoir vide. J'aurais dû m'effrayer de cette entrevue qui s'annonçait mais

j'éprouvais au contraire une sorte de soulagement. Enfin j'allais savoir !
La femme n'a nullement cherché à se cacher ou à se faire passer pour une autre. Elle a été extrêmement directe.
Elle s'appelle effectivement Nadejda Polenkovitch et elle est la sœur de Vadim Polenkovitch, le père de Maria. Lorsqu'elle a vu la fillette pour la première fois, elle a été frappée par sa ressemblance avec son frère. Mais Maria était brune et lorsqu'elle avait quitté le pays, la petite fille de Vadim était aussi blonde que la paille.
La femme n'a pourtant pas renoncé. Le fol espoir qu'elle avait de revoir son frère vivant s'était rallumé dans son cœur. Elle avait alors observé Maria avec une attention redoublée sans savoir qu'en penser exactement. Certains jours, elle était sûre d'elle. D'autres, elle croyait rêver et ne trouvait plus aucun point commun entre son frère et la fillette. Mais lorsqu'elle l'aperçut une fois sans sa perruque brune, elle fut définitivement convaincue d'avoir retrouvé sa nièce. La femme voulait pouvoir lui parler et avoir des nouvelles de son frère. Cela faisait si longtemps qu'il avait fui le pays qu'elle le croyait mort. Voir ressurgir la petite Maria l'avait bouleversée.
Pour tenter de me convaincre davantage, Nadejda Polenkovitch m'a également livré quelques détails quant à l'affaire concernant son frère. Le 23 mars 1801, il se trouvait en effet au palais du tsar Paul Ier. Ce n'était pas dans son habitude car Vadim Polenkovitch était l'un des rares proches du fils du tsar, Alexandre, à ne pas vivre au château. Il avait préféré emménager dans une maison toute proche avec sa femme et sa fille. La maison était petite certes mais elle était à eux et son épouse s'y sentait plus à son aise. Comme

elle avait un goût exquis, elle passait beaucoup de temps à l'aménager et la décorer. Mais ce fameux soir-là, le père de Maria n'était pas auprès de sa famille. Les explications qu'il avait données pour justifier sa présence au palais n'étaient pas convaincantes et la veuve du tsar Paul Ier s'était persuadée alors qu'il avait lui aussi participé au meurtre de son mari. Elle avait décidé de le faire disparaître. Il avait dû fuir.

Nadejda Polenkovitch est convaincue de l'innocence de son frère. Elle le sait trop intègre pour avoir approuvé un tel meurtre. Elle pense qu'il a dû taire la vraie raison de sa venue au palais pour protéger quelqu'un. Le tsar ? Peut-être. Si c'est effectivement le cas lui seul pourrait rétablir la vérité.

Ce récit m'a troublée car il conforte l'idée qui s'est établie depuis un moment dans mon esprit concernant le père de Maria. J'ai essayé pourtant de n'en rien laisser paraître. Le discours de cette femme était vibrant de sincérité, je dois l'avouer, et si je n'étais pas aussi méfiante, je l'aurais crue volontiers. Mais je ne peux risquer la vie de Maria et celle de son père sur une simple impression. J'ai feint d'ignorer de qui elle voulait parler.

XXVII

Lorsque Ernestine vient ouvrir la porte de la maison, elle reste sur le seuil, clouée de stupeur. Dimitri Rochenkovski retire son chapeau pour la saluer et regarde par-dessus son épaule dans le vestibule.

– Mademoiselle Cerisaie est-elle ici ? demande-t-il en espérant que la domestique le fasse entrer.

Ernestine referme la bouche, se ressaisit et s'efface pour laisser passer le jeune homme.

– Je, je...

Dimitri pénètre dans le vestibule de l'élégante maison.

– Dimitri Rochenkovski, se présente-t-il. Pouvez-vous m'annoncer s'il vous plaît ?

Ernestine, qui a retrouvé ses esprits, tousse légèrement gênée.

– C'est que mademoiselle n'a pas l'habitude de recevoir de la visite.

Dimitri se mord la joue. Quel imbécile il fait ! Qu'espérait-il ? Que la jeune fille le reçoive sans sourciller alors même qu'il ne s'est pas présenté à sa mère ? C'est contraire à toutes les règles de bienséance. Décidément, cette situation rocambolesque lui embrouille l'esprit. Si elle le voyait, sa mère s'émouvrait de le découvrir si malpoli. Elle a pourtant passé de si longues heures à lui inculquer toutes les règles de politesse inhérentes à son rang.

– Pardonnez-moi, s'excuse-t-il. Le voyage me fait perdre mon bon sens. Accepteriez-vous d'annoncer ma visite à madame la mère de mademoiselle Cerisaie ?

Ernestine retrouve le sourire : voici qui est mieux en effet.

– Je vais voir si elle peut vous recevoir, dit-elle presque joyeusement.

La domestique disparaît derrière une porte à double battant, laissant le jeune homme seul dans l'entrée. Dimitri détaille avec attention l'intérieur de la maison lyonnaise. Tout est décoré avec le plus grand soin et un goût certain. Au mur, il remarque une série de quatre portraits au pastel et s'approche pour mieux les regarder. Il reconnaît sans peine le visage fin et élégant de Constance. Elle est beaucoup plus jeune que maintenant mais son regard brille de la même intelligence et son sourire doux exprime une grande bonté. Il retrouve le même sourire sur les deux autres portraits juste à côté. L'un représente un garçon plus âgé que Constance, qui lui ressemble énormément. Il porte les cheveux très courts comme de nombreux jeunes hommes se préparant à la carrière militaire. À côté de lui, un autre garçon brun sourit avec la même douceur. Dans le dernier cadre enfin, le portrait est plus sévère. Le jeune homme, sans doute le plus âgé de tous, affiche un petit air pincé que renforce la fine moustache qui ourle ses lèvres minces.

– Madame est à vous dans quelques minutes.

La voix d'Ernestine le fait sursauter. Dimitri se retourne vers la domestique.

– Elle termine avec la modiste, précise-t-elle.

Dimitri la remercie et attend encore quelques minutes qui lui paraissent interminables. Soudain, la porte du salon s'ouvre pour laisser passer une dame toute petite qui disparaît derrière la pile de cartons à chapeaux qu'elle porte à bout de bras.

– Au revoir, madame, lance-t-elle en direction du salon. Je reviendrai pour un dernier essayage avant le mariage.

En entendant de nouveau le mot « mariage », le cœur de Dimitri se serre. Ainsi sœur Cécile avait raison.

– Veuillez entrer, lui dit alors Ernestine.

Dimitri se redresse, chasse ses idées noires et pénètre dans la grande pièce ; il n'est pas ici pour faire du sentiment. Il est aussitôt saisi par la ressemblance frappante entre la mère et la fille. Grande et élancée, madame Cerisaie porte une robe d'un bleu un peu soutenu qui met en valeur ses yeux magnifiques.

– Madame, la salue Dimitri en baisant la main qu'elle lui tend avec grâce.

La mère de Constance dévisage l'élégant jeune homme avec un certain étonnement. Tout dans sa mise et dans son maintien témoigne d'une excellente éducation.

– Monsieur, j'avoue ne pas savoir qui vous êtes ni ce que vous venez faire ici, lui dit-elle tout à trac.

– Dimitri Vassilovitch Rochenkovski pour vous servir, madame.

Madame Cerisaie baisse les yeux avec élégance et lui fait signe de s'asseoir en face d'elle.

– J'ai eu l'honneur de rencontrer mademoiselle Constance votre fille lors de mon passage au château de l'Espérance.

– C'est étrange, note madame Cerisaie. Elle ne m'en a rien dit.

Dimitri déglutit avec difficulté.

– Cela n'a rien d'étonnant, répond-il sur un ton qu'il veut détaché. Elle a, me semble-t-il, bien d'autres sujets de préoccupation en ce moment.

Madame Cerisaie fronce les sourcils. Comment ce jeune homme sait-il ce qui intéresse sa fille en ce moment. Elle-même vient seulement d'apprendre le désir de Constance de devenir missionnaire. Si elle s'est réjouie de cette nouvelle, elle n'en a pas moins été étonnée. Constance ne s'était jamais cachée de penser à la vocation religieuse mais sa mère ne l'imaginait pas sous cette forme.

– Que puis-je faire pour vous, monsieur Rochenko…

– Rochenkovski.

– Pardonnez-moi. Je suis si peu habituée à ces noms de famille russe. Car vous êtes russe, n'est-ce pas ?

– Effectivement, madame. Mais mon arrière-grand-mère était française.

– Tiens ?

– Elle s'appelait Élisabeth d'Espérance. Votre fille et son amie, mademoiselle Décochet, semblaient bien la connaître.

Madame Cerisaie sourit. Ainsi les sœurs Espérance avaient refait leur apparition dans la vie des deux amies. Constance devait être bien accaparée par ses idées de missionnaire pour avoir omis de lui en parler.

– Ce sont donc les sœurs Espérance qui vous amènent ici ? demande-t-elle avec un sourire.

– En somme, oui. Je suis venu récupérer les mémoires de mon aïeule justement. Je les avais prêtés à votre fille et à son amie mais je dois, hélas, les leur reprendre.

– Je crois, dans ce cas-là, que le mieux serait d'appeler Constance. Elle vous donnera ce que vous cherchez.

– Merci, dit Dimitri en inclinant poliment la tête.

Madame Cerisaie attrape une petite cloche posée sur une table et la secoue brièvement. La porte du salon s'ouvre aussitôt sur Ernestine.

– Madame ?

– Ernestine, pouvez-vous aller chercher Constance s'il vous plaît ? Ce monsieur demande à la voir.

Elle hoche la tête et disparaît aussi vite qu'elle est arrivée.

– Que faites-vous donc en France ? s'enquiert madame Cerisaie en se tournant vers le jeune homme.

– Je m'apprête à rejoindre l'armée du tsar dans quelques mois et je voulais connaître votre beau pays auparavant. Mes parents y sont très attachés. Sans doute à cause de notre aïeule française.

– Qu'avez-vous déjà visité alors ?

Dimitri penche la tête, un peu gêné.

– Presque rien, à dire vrai. J'ai décidé de commencer mon voyage par La Rochelle pour découvrir le château de l'Espérance dont mon arrière-grand-mère parle dans ses mémoires. Ensuite un événement inattendu m'a contraint de partir précipitamment et je crains d'être obligé de mettre un terme à ce voyage.

– Prendrez-vous au moins le temps de découvrir Lyon ?

– Je ne sais...

La porte du salon grince légèrement, livrant le passage à Constance. Sa mère lui fait signe d'approcher. Dimitri, lui, s'est levé en un bond.

– Constance, ce monsieur est venu vous demander quelque chose.

Sa fille avance doucement, n'osant regarder franchement le jeune homme qui se tient là. Lorsque Ernestine est venue la trouver dans sa chambre pour l'avertir de sa présence, une étrange chaleur l'a envahie tandis que ses joues rougissaient malgré elle. Elle n'aurait pas imaginé que de revoir ce garçon puisse lui faire autant d'effet.

– Mademoiselle, la salue Dimitri en s'inclinant.

– Monsieur Rochenkovski, bredouille-t-elle.

Elle relève la tête et lui sourit poliment.

– Votre venue m'étonne, avoue-t-elle. Vous avez disparu si vite.

– Pardonnez-moi, je n'avais pas le choix.

Le jeune homme la dévore des yeux. Elle est encore plus charmante que dans son souvenir. Sa robe vert pâle rehaussée de rubans d'un vert plus soutenu lui va à ravir. On la croirait tout droit sortie d'une gravure de mode.

– Vous me parliez de mémoires que vous souhaitiez récupérer, déclare madame Cerisaie notant le trouble qui s'est installé entre les deux jeunes gens.

– Oui, oui, reprend vivement Dimitri. Pourriez-vous me les rendre, s'il vous plaît mademoiselle ?

Constance sourit franchement cette fois-ci.

– Je ne les ai pas. Vous avez sans doute découvert que mon amie Émilie Décochet était tout à fait passionnée par les sœurs Espérance. Elle a veillé très tard la nuit pour lire les mémoires d'Élisabeth. Elle a demandé à les garder.

Dimitri est déçu. Il aurait aimé trouver un prétexte pour rester un peu plus longtemps.

– Habite-t-elle loin d'ici ? interroge-t-il.

– Oh non ! s'exclame Constance. Une dizaine de minutes en voiture à cheval suffisent pour vous rendre chez elle.

Dimitri se relève, à contrecœur.

– Ne voulez-vous pas vous joindre à nous pour prendre le thé ? demande spontanément Constance.

Le jeune homme s'apprête à accepter l'invitation tant espérée lorsqu'un léger coup à la porte l'arrête. Ernestine entre discrètement.

– La couturière, madame, annonce-t-elle.

Madame Cerisaie lance un regard vers l'horloge posée sur la cheminée.

– Ciel ! Déjà ! J'avais oublié.

Puis elle se tourne vers Dimitri en s'excusant.

– Ma couturière est là. Je ne peux vous recevoir plus longtemps, pardonnez-moi. Ce mariage me fait perdre la tête parfois.

Constance sourit en regardant sa mère. Le mariage de Théophile et Émilie la met dans tous ses états en effet. Elle voudrait que tout soit parfait.

– Néanmoins Constance peut vous offrir le thé si vous le désirez. Son frère Timothée est dans le petit salon. Il sera enchanté de faire votre connaissance.

Mais Dimitri n'a plus du tout le cœur à faire des mondanités. L'évocation du mariage à venir lui a fait l'effet d'une douche froide. Son visage se ferme brutalement et c'est même un peu sèchement qu'il répond :

– Non merci, madame. Je suis pressé.

Le ton glacé de sa voix fait pâlir Constance.

– Madame, mademoiselle, les salue le jeune Russe pour prendre congé. Pardonnez-moi de vous avoir dérangées.

Et sans même attendre qu'Ernestine lui rouvre la porte, il disparaît.

XXVIII

Un frisson d'excitation parcourt le dos d'Émilie. La visite éclair de Dimitri Rochenkovski n'y est pas étrangère.

Le jeune homme, qu'elle avait trouvé froid et tendu, était venu lui réclamer les mémoires de son arrière-grand-mère sans lui donner aucune explication. La jeune fille brûlait de lui poser mille questions sur sa subite disparition à La Rochelle, mais il semblait peu enclin à lui répondre. Il s'était montré courtois mais expéditif, tenant à récupérer les mémoires de son aïeule le plus vite possible.

Une telle attitude avait suffi à réveiller la curiosité d'Émilie. Depuis qu'elle connaissait les sœurs Espérance, celles-ci l'avaient menée d'énigme en aventure pour son plus grand bonheur. Elle sentait le mystère rôder de nouveau autour d'elle et cela l'enthousiasmait. Restait à découvrir ce qui pouvait tant inquiéter Dimitri, l'obliger à fuir et, ensuite, à vouloir récupérer sans attendre les mémoires d'Élisabeth.

– Je ne les ai pas, avait-elle alors répondu sans réfléchir.

– Vous, vous...

– Je me suis permis de les prêter à un vieil ami.

– Prêter ?

Dimitri était totalement décontenancé. Il pensait récupérer les mémoires de son aïeule le plus rapidement possible et disparaître de nouveau. Son entrevue rapide avec Constance Cerisaie n'avait fait que renforcer son désir de partir au plus vite. Il n'avait aucune raison de s'éterniser à Lyon. Au lieu de cela, il apprenait que les écrits d'Élisabeth circulaient librement dans la ville.

– Monsieur de Naps est historien, avait poursuivi Émilie en racontant ce qui lui passait par la tête. Il nous a beaucoup aidées lorsque nous avons recherché les sœurs Espérance. J'ai pensé qu'il serait heureux d'avoir de leurs nouvelles.

Dimitri était si surpris qu'il n'avait trouvé rien d'autre à répondre que :

– Quand vous les retournera-t-il ?

– D'ici deux ou trois jours, lui avait alors répondu Émilie.

Elle espérait ainsi gagner un peu de temps et réussir à percer le mystère du jeune Russe d'ici-là. C'était plus fort qu'elle.

Dimitri n'avait pas regimbé curieusement. La tension qui le soutenait depuis plusieurs jours l'avait quitté tout à coup. Il considérait soudain les choses avec un certain fatalisme. La fatigue expliquait sans aucun doute son subit abattement.

– Je repasserai, avait-il simplement dit en quittant Émilie.

Émilie prétexte une rapide course à faire et s'engouffre dans la voiture. La pauvre Eugénie a à peine le temps d'enfiler un manteau pour la suivre. Depuis qu'elle est revenue à Lyon, Émilie lui impose un rythme effréné. Son mariage avec Théophile approche à grands pas et la jeune fille court dans toutes les boutiques de Lyon pour trouver ce qui fera de cette grande journée une fête inoubliable. La domestique vieillissante regrette les quelques jours passés à l'orphelinat de l'Espérance. Le temps lui avait alors semblé suspendu et, malgré les nombreuses tâches ménagères auxquelles elle avait participé pour aider les religieuses, elle avait trouvé cela beaucoup moins fatigant que de sillonner la ville à la recherche d'un ruban, de chaussures en satin blanc ou d'un organiste.

– Où allons-nous cette fois-ci, mademoiselle ? demande-t-elle.

– Au commissariat de police ! lance gaiement Émilie.

Sa domestique ouvre de grands yeux horrifiés.

– Qu'est-il arrivé ? s'inquiète-t-elle.

– Rien, rassure-toi. Je veux simplement discuter un peu avec l'inspecteur Rodlin.

Émilie connaît le policier depuis presque quatre ans maintenant. C'est lui qui était intervenu alors que sa maison avait été cambriolée. Son sens de l'observation et sa mémoire fulgurante lui rappellent un peu le personnage de roman dont elle a récemment lu les aventures. Elle espère bien qu'il mettra en lumière quelques éléments intéressants.

Lorsque la voiture s'arrête devant le grand hôtel de police, Émilie se tourne vers Eugénie.

– Attends-moi ici. Je ne serai pas longue.

Eugénie veut protester mais Émilie la coupe :

– Repose-toi, tu en as besoin. Je te mène la vie dure en ce moment…

La domestique sourit. Émilie la connaît depuis qu'elle est toute petite et ses états d'âme n'ont plus de secret pour elle. Eugénie ne peut rien cacher à sa jeune maîtresse, qui ne ralentit pas son rythme mais fait attention à la ménager dès qu'elle la sent fatiguée. En cette fin de XIXe siècle il est impensable qu'une jeune fille de vingt ans se déplace sans un chaperon. Eugénie doit donc la suivre partout et Émilie se rend bien compte que sa nourrice a passé l'âge de gambader à travers toute la ville. Elle pourrait la remplacer par une plus jeune, mais le lien qui les unit est trop fort : Émilie ne peut envisager une telle solution.

Lorsque l'on frappe à la porte de son bureau, l'inspecteur Rodlin a le nez plongé dans le journal. Comme à son habitude il le décortique avec une précision extrême.

– Mmm ! bougonne-t-il.

On tape un nouveau coup à la porte.

L'inspecteur pose son journal sur la table, retire ses petites lunettes cerclées de métal pour les nettoyer et lance :

– Entrez !

Dès qu'il aperçoit la jeune fille qui pénètre dans son bureau, le policier se métamorphose. Il se redresse, se racle la gorge et sourit.

– Mademoiselle Décochet ! Voici fort longtemps que nous ne nous sommes pas vus.

L'inspecteur apprécie beaucoup la jeune fille, qu'il a eu l'occasion d'aider plusieurs fois ces dernières années. Sa spontanéité le change des criminels qu'il traque sans relâche.

– Que puis-je faire pour vous ? lui demande Rodlin.

– J'aurais besoin de quelques informations…

– À quel sujet ?

Émilie hésite une seconde. Elle réalise l'incongruité de sa situation.

– Le tsar Alexandre Ier, dit-elle finalement.

L'inspecteur penche la tête et regarde la jeune fille par-dessus ses lunettes.

– Vous vous trompez, mademoiselle. C'est Alexandre III qui règne sur la Russie en ce moment.

– Je le sais. Mais ce dernier ne m'intéresse pas. En revanche, la vie de son grand-père me passionne.

– Son grand-oncle, corrige l'inspecteur.

– Son grand-oncle, si vous préférez. Je voudrais connaître ce que vous savez à son sujet.

L'inspecteur Rodlin se renverse dans son fauteuil et fixe la jeune fille avec attention.

– Avez-vous bien réalisé, mademoiselle, que je suis inspecteur de police et non pas historien ?

Émilie lui lance un sourire désarmant en guise de réponse.

– J'ai également besoin de renseignements concernant un certain Fiodor Kouzmitch, ajoute-t-elle sans se démonter.

– Fiodor Kouzmitch ? répète l'inspecteur. Qui est cet homme ?

– Un vagabond.

– Tout policier que je suis, pensez-vous qu'il me soit possible de retrouver la trace de tous les vagabonds ? Qui plus est des vagabonds russes !

– Mais certains pensent que celui-ci n'était autre que le tsar Alexandre Ier.

L'inspecteur Rodlin retire ses lunettes et se frotte les yeux en silence. La requête d'Émilie Décochet est abracadabrante.

– J'imagine que cela n'a rien à voir avec un quelconque travail de recherche, dit-il finalement.

Émilie secoue la tête. Elle a terminé de suivre des cours avec un précepteur l'année dernière.

– Ni avec votre mariage…

– Non plus.

– Alors ?

Émilie connaît le policier et elle sait qu'il ne lui dira rien tant qu'elle ne lui aura pas révélé le motif de sa requête.

– Cela a à voir avec les sœurs Espérance.

Rodlin hausse un sourcil amusé.

– Allons donc ! s'exclame-t-il.

Émilie lui raconte alors comment elles ont retrouvé de nouveaux mémoires d'Élisabeth en provenance de Russie. Elle explique aussi au policier l'étrange départ de Dimitri Rochenkovski après qu'il a découvert qu'il était suivi.

– Je me demande si cela n'aurait pas quelque chose à voir avec son ancêtre et Alexandre Ier. Il venait de lire un article dans le journal à propos de la mort étrange du tsar et m'a révélé que son grand-père avait fort bien connu Fiodor Kouzmitch. Ensuite, il a disparu.

L'inspecteur se tait pour mieux réfléchir. Cette histoire d'article dans le journal lui rappelle vaguement quelque chose. Il doit simplement se souvenir où et quand il a lu des choses se rapportant au défunt tsar.

– Je ne sais pas si je trouverai des éléments intéressants, remarque-t-il après un long silence. Et quand bien même. Puis-je me permettre de vous demander en quoi cela vous concerne ?

Émilie est prise de court. Seule la curiosité la pousse à se renseigner il est vrai. Elle décide de jouer la franchise.

– En rien, avoue-t-elle.

– Mais alors...

– À moins que ce jeune homme ne soit amoureux de ma meilleure amie, ajoute Émilie sans lui laisser le temps de poursuivre.

L'inspecteur la regarde avec un sourire un peu moqueur sur les lèvres.

– Et est-ce le cas ? demande-t-il, l'œil pétillant.

– Je n'en sais rien mais je suis sûre qu'elle ne le laisse pas indifférent.

La spontanéité de la jeune fille plaît au policier. Lui qui côtoie toute la journée des personnes qui tentent de dissimuler leurs crimes sous d'habiles mensonges, il aime la fraîcheur des propos d'Émilie.

– Admettons, dit-il finalement. Je vais me renseigner et je passerai vous voir pour vous donner le résultat de mes recherches.

Émilie sourit.

– Oh merci ! Mais faites vite s'il vous plaît. Dimitri Rochenkovski est à Lyon en ce moment.

Saint-Pétersbourg, le 25 mai 1804

J'ai reçu ce matin une lettre de Charlotte. Elle l'a envoyée à Paulin comme convenu. Je ne saurais exprimer la joie immense qu'elle m'a procurée. L'espace d'un instant, elle m'a fait oublier l'état préoccupant de Maria.
Les nouvelles de l'Espérance sont excellentes et je m'en réjouis. Les enfants grandissent tous bien et semblent être parfaitement épanouis malgré l'absence de leurs parents. Les plus petits savent déjà lire. Je me targuais d'être une bonne institutrice mais je constate que ma sœur n'a rien à m'envier. Sa patience est gage de réussite.
Thomas son époux entreprend de grands travaux dans la petite chapelle du château. Il paraît qu'il fabrique de nouveaux bancs. Ceci en plus de son travail de médecin a de quoi occuper largement ses journées. Je suis contente de voir qu'il s'est si facilement adapté à la vie que Charlotte avait choisie. J'avais craint un temps qu'il veuille en changer et qu'il entraîne ma sœur à quitter l'orphelinat. Mais Thomas est un homme très bon et d'une grande finesse. Il a pu constater que ma sœur était heureuse auprès des enfants. Ils la comblent. Sans doute beaucoup plus qu'il n'y paraît. Pour le moment, Thomas et elle n'ont toujours pas d'enfants et je sais que cela désespère ma sœur. Elle reporte toute son affection sur les petits qui l'entourent. Je l'ai vue en particulier avec Agathe Barbier,

la première fillette qu'elle a recueillie à l'Espérance. Elle se comporte avec elle comme une vraie mère et l'enfant lui doit beaucoup. Grâce à l'amour sans condition de Charlotte, elle a retrouvé sa joie de vivre et l'espérance. Quand je pense au nom de notre famille et de notre château, je souris. Pouvait-on rêver nom plus adapté à un orphelinat ? Après le désespoir de la perte des parents, la vie y reprend ses droits, pleine d'amour et d'espérance justement.

Dans sa lettre Charlotte me raconte que les deux hommes qui cherchaient Maria sont revenus à l'orphelinat. Quelqu'un leur avait dit avoir aperçu une fillette très blonde parmi les enfants. Afin de les convaincre que la petite n'était effectivement pas là, Charlotte et Thomas ont fait descendre tous les pensionnaires du château. Maria n'était pas parmi eux. Les hommes étaient furieux et ils sont repartis. Où sont-ils maintenant ? Pourvu qu'ils n'aient pas remonté la piste jusqu'ici.

Ma sœur me manque. Sa sérénité et son courage me seraient précieux. Sa complicité aussi. Je regrette que nous n'ayons pas pu être réunies plus longtemps. J'aimerais partager avec elle les soucis que je me fais à propos de Maria. Quelle décision prendrait-elle à ma place ? Accepterait-elle de courir le risque de revenir vers la femme aux yeux d'émeraude pour tenter de redonner à la fillette le goût de vivre ? Je crois en effet que c'est là ce qui la ronge sournoisement : Maria se rend triste d'être séparée de ceux qu'elle aime. Sa famille lui manque soudain terriblement, d'autant plus qu'elle doit se cacher et renoncer à la vie normale d'une enfant de son âge.

J'aimerais aussi pouvoir lui parler d'un autre trouble qui m'agite.

Je m'aperçois que je guette chaque jour avec une fébrilité que je ne me connaissais pas l'arrivée du médecin qui s'occupe de Maria. Je m'arrange toujours pour être là en même temps que lui, pour croiser son chemin aussi souvent que possible. Et lorsque je suis en sa présence, moi, d'ordinaire si bavarde, je reste presque muette et bête. Alexei Rochenkovski est très poli avec moi et il prend toujours le temps nécessaire pour me parler de Maria et voir comment parvenir à la guérir. Mais ne traite-t-il pas ainsi tous ses patients ?
C'est bien la première fois que je réagis ainsi en présence d'un homme. Prétendre que je suis restée insensible à leur compagnie jusqu'à maintenant serait faux. J'ai ressenti plus d'une fois mon cœur s'emballer pour un garçon que je trouvais aimable à écouter ou à regarder. C'est le lot de toute jeune fille il me semble. Mais lorsque je me posais vraiment la question de savoir si tout cela était sérieux, mon cœur me disait que non. Une conversation agréable ou un visage bien fait ne suffisent pas. Rien ne vaut d'attendre pour apprendre à se connaître et se découvrir de vraies affinités. C'est justement ce qui se passe avec Alexei Rochenkovski. Tout ce qu'il dit trouve un écho en moi. Je sens que nous regardons dans la même direction, que nous partageons les mêmes valeurs. Que pense-t-il de moi de son côté ? Peu de chose je suppose. Lorsqu'il parle, je me tais et lorsque je parle, il m'écoute sans rien laisser paraître. Ah, Charlotte, si seulement vous étiez là pour me dire que faire et que penser !

XXIX

Allongée sur son lit, Constance fixe le plafond sans le voir. La visite inopinée de Dimitri la chamboule beaucoup plus qu'elle ne veut se l'avouer. Depuis son retour de La Rochelle, la jeune fille vit avec la conviction qu'elle a enfin trouvé sa vocation. Après plusieurs mois d'incertitude et de questions sans fin, elle a choisi : elle sera religieuse missionnaire. Elle pourra ainsi consacrer sa vie au Seigneur tout en se donnant aux autres. Elle aime cette idée de partir à l'autre bout du monde pour aider ceux qui en ont besoin et leur parler de Jésus.

C'était compter sans le retour surprise de Dimitri. Lorsqu'elle l'avait revu, elle s'était rendu compte contre toute attente qu'il lui avait manqué ! C'était si subit et si imprévisible que cette révélation l'avait profondément bouleversée. Elle pensait que le jeune homme lui était tout à fait indifférent mais elle s'apercevait soudain qu'il n'en était rien. Prétendre qu'il ne lui faisait aucun effet reviendrait à mentir effrontément.

Un grattement discret à la porte sort Constance de sa rêverie.

Elle se redresse sur son lit, défroisse sa robe du revers de la main et se lève.

– Oui ? répond-elle d'une voix mal assurée qui lui paraît bizarre.

– C'est moi, dit sa mère derrière la porte.

– Entrez, maman.

Madame Cerisaie pousse délicatement la porte et entre dans la pièce dans un doux froissement d'étoffe.

– Avez-vous déjà terminé vos essayages ? l'interroge Constance.

Madame Cerisaie la regarde attentivement. Un seul coup d'œil lui suffit pour savoir que sa fille n'est pas bien.

– Madame Denin, la couturière, ne venait que pour me montrer un nouveau tissu qu'elle a trouvé.

– Et ?

– Il est parfait ! Une soie bleu roi avec des motifs de palmes plus clairs. Une merveille pour les yeux.

– Voulez-vous bien me le montrer ?

Madame Cerisaie secoue la tête.

– Pas maintenant.

Constance regarde sa mère sans cacher son étonnement. La mode est l'un des sujets de prédilection entre elles.

– Pas avant que vous ne m'ayez dit ce qui vous tracasse, précise madame Cerisaie.

Constance redresse la tête avec une certaine fierté.

– Mais rien… commence-t-elle.

– Est-ce ce jeune homme ?

La franchise de sa mère surprend Constance qui en reste sans voix.

– Je vous connais, Constance. J'ai tout de suite compris qu'il se passait quelque chose.

– Non, vous vous trompez ! se défend Constance.

– Quel mal y aurait-il à cela, ma chérie ? Vous êtes en âge de vous marier.

Ce dernier mot réveille Constance tout à coup.

– Me marier ! Me marier ! Depuis que Théophile et Émilie ont annoncé qu'ils se mariaient tout le monde ne pense qu'à une chose c'est de me marier à mon tour. Mais je ne le veux pas, moi ! Je vous l'ai dit.

La voix de Constance se brise dans les aigus.

– Je veux être religieuse. Missionnaire même !

Madame Cerisaie la regarde, le cœur serré. Elle n'aime pas voir sa fille malheureuse. La semaine dernière, sa décision de devenir missionnaire semblait l'avoir apaisée. Cependant sa réaction en face de Dimitri Rochenkovski avait aussitôt alerté madame Cerisaie. Constance n'était toujours pas sûre d'elle, cela sautait aux yeux.

– Il m'a semblé que ce jeune homme… insiste-t-elle alors.

Constance ne répond pas mais la triste grimace qui déforme sa bouche suffit à encourager sa mère à poursuivre.

– J'ai vu comme il vous dévorait des yeux et de quelle manière vous le regardiez également.

– Non, ce n'est pas vrai ! gémit Constance.

– Que se passe-t-il, ma chérie ? Qu'est-ce qui vous rend si triste ?

Constance relève la tête et regarde sa mère, les joues ruisselantes. C'est comme si une digue venait de se briser et qu'un flot de larmes l'envahissait malgré elle.

– Je ne sais plus où j'en suis ! bégaye-t-elle.

Madame Cerisaie s'approche et la prend tendrement dans ses bras.

– Là. Tout doux. Pleurez et tout ira mieux.

– Oh maman ! Je ne sais plus ! Aidez-moi !

Madame Cerisaie ne répond pas. Elle se contente de caresser la tête de sa fille.

– Je croyais vouloir être missionnaire et voici que mon cœur me joue de nouveau des tours, renifle Constance.

– Il vous plaît ?

Constance hausse les épaules.

– Le connaissez-vous depuis longtemps ?

– Non ! Je ne l'ai vu que quelques heures !

– Et ?

– Le revoir m'a bouleversée. Je m'y attendais si peu.

La jeune fille se détache lentement de sa mère et la regarde, le visage déformé par le chagrin.

– Arriverai-je jamais à savoir ce pour quoi je suis faite ?

Madame Cerisaie sourit, rassurante.

– Bien sûr ! Il est normal de vous poser des questions au moment où vous vous apprêtez à choisir ce que sera votre vie. Ce n'est pas une décision à prendre à la légère.

– Mais comment être sûre ?

– Sans doute faut-il que vous preniez encore un peu plus de

temps pour réfléchir et discerner. La mission est une très noble vocation et je vous y encourage si tel est votre désir. Mais il ne s'agit pas de regretter votre choix lorsque vous serez à des milliers de milles d'ici.

Constance sèche ses larmes du bout des doigts et soupire :

– Pourvu que cela ne soit pas trop long !

Saint-Pétersbourg, le 26 mai 1804

J'ai mis longtemps à prendre une décision mais maintenant je suis sûre de moi. J'ai tourné et retourné le problème dans tous les sens et je crois que c'est la plus sage, même si elle est risquée. J'ai essayé d'imaginer ce que Charlotte aurait fait à ma place et je crois qu'elle m'approuverait. Durant la Révolution, elle a maintes fois accepté de courir des risques pour sauver des vies. En s'improvisant espionne, elle a fait le pari de l'audace. Elle seule sait vraiment combien de personnes lui doivent d'avoir survécu.

Cette fois-ci, il n'est pas question d'éviter à quelqu'un de passer à la guillotine mais il s'agit bien de sauver une vie aussi. Maria s'épuise de plus en plus. Alexei Rochenkovski ne m'a pas caché que son état est devenu critique. À moins d'un miracle, il ne peut plus rien pour elle.

J'ai beaucoup prié ces derniers temps et j'ai aussi beaucoup douté que mes prières aient été entendues. J'espérais que le Seigneur aiderait Maria à s'en sortir. Au lieu de cela, elle n'a cessé d'aller plus mal. Pourtant je me suis rappelé hier que notre mère nous invitait à regarder chaque événement de notre vie en y cherchant le doigt de Dieu. « Il n'agit pas toujours tel que nous le voudrions mais il est toujours présent », nous répétait-elle lorsque nous étions déçues de n'avoir pas été exaucées. Elle avait raison. Combien de fois ai-je pu constater que si le Seigneur n'avait pas répondu à ma prière tel que je le voulais il avait fait bien mieux. Sa réponse était tout autre et elle engendrait souvent un bonheur plus grand encore.

Je crois que la réponse de Dieu à mes prières m'a été apportée le jour où j'ai croisé la femme aux yeux d'émeraude. Je ne l'ai pas considéré comme tel mais maintenant que Maria a besoin de sa famille, je me rends compte que cette femme est la seule capable de lui apporter du réconfort. C'est risqué. Peut-être que Nadejda Polenkovitch est chargée de nous dénoncer ? J'imagine qu'elle l'aurait déjà fait si elle en avait eu l'intention. Peut-être est-elle suivie de près ? C'est plus probable mais je prends ce risque. De toute façon, c'est l'ultime chance de Maria, sinon la fillette est perdue.

Oui, Charlotte m'approuverait...

Saint-Pétersbourg, le 27 mai 1804

C'est un miracle ! Je ne trouve pas d'autre mot pour qualifier ce qu'il s'est passé il y a une heure à peine. Lorsque j'ai pris la décision de faire confiance à Nadejda Polenkovitch, je ne m'attendais pas à ce que les fruits soient aussi immédiats.
J'ai vu ce matin la femme aux yeux d'émeraude et je lui ai parlé en vérité. J'avais veillé pour cela à ce que nous nous retrouvions dans un endroit où nulle oreille ne risquait de nous entendre. Je préférais que même Henriette ne soupçonne pas notre entrevue. Moins il y aura de personnes dans le secret et mieux cela sera pour la sécurité de Maria et de ses parents. Nous nous sommes donc retrouvées toutes les deux dans une petite église orthodoxe non loin du fleuve. Elle est ravissante et peu fréquentée. Je l'avais déjà remarquée à plusieurs reprises car nous nous y sommes régulièrement arrêtées avec Maria. Le bâtiment a également l'avantage de n'être pas loin de l'endroit où nous avons caché la fillette.
Quand j'ai confirmé à Nadejda Polenkovitch que Maria était effectivement sa nièce, la jeune femme a eu bien du mal à dissimuler son émotion. Elle m'a pressée de questions à propos de son frère mais je n'ai pu, hélas, lui apprendre beaucoup de choses. Il m'a fallu également lui avouer l'état critique dans lequel se trouvait la petite fille et lui expliquer tous les espoirs que je plaçais en elle.

J'avais imaginé et craint que cette nouvelle lui fasse pousser de grands cris. C'est une autre des raisons qui m'avaient encouragée à chercher un endroit calme et retiré. Au lieu de cela, Nadejda Polenkovitch a réagi avec une grande maîtrise de soi. Je l'ai admirée pour cela. Loin de se laisser envahir par l'inquiétude qui se lisait sur son visage, elle m'a demandé ce qu'elle pouvait faire pour m'aider. Il n'y avait pas de temps à perdre en lamentations, elle l'avait compris. Je lui ai alors demandé de venir avec moi pour dire à Maria que nous avions retrouvé une partie de sa famille. Nadejda Polenkovitch n'a pas hésité une seule seconde. Elle m'a aussitôt suivie. Ce n'est qu'arrivée devant la petite boutique de luthier où est cachée Maria que la jeune femme a eu un doute. Elle craignait que le choc des retrouvailles ne soit trop violent pour la fillette. Nous avons donc convenu qu'elle me laisserait entrer dans la pièce seule, pour annoncer à Maria la bonne nouvelle.

Maria était étendue sur son lit, les yeux fermés. Lorsque je suis entrée, elle n'a pas bougé. Elle était si faible depuis deux jours qu'elle ne parvenait presque plus à ouvrir les yeux. De voir ses petits bras décharnés posés sur le drap m'a retourné le cœur. J'ai prié intensément notre Seigneur alors pour qu'il ne la rappelle pas à lui si vite. Je me suis assise auprès d'elle et je lui ai parlé de la rencontre que je venais de faire. L'enfant n'a pas cillé. Aucune réaction ne se lisait sur son visage émacié. Je me suis alors tournée vers la porte et j'ai regardé Nadejda Polenkovitch avec impuissance. La jeune femme ne s'est pas découragée. Elle est restée sur le pas de la porte mais elle s'est mise à chanter. C'était une chanson très douce, en russe. Une de ces chansons que l'on imagine sans peine chantée aux tout petits. Dès les premières notes de musique, j'ai eu l'impression que le visage de Maria se détendait imperceptiblement. Et à mesure que l'air emplissait la pièce, j'ai pu constater le miracle. Les paupières de la fillette ont frémi, sa bouche s'est entrouverte et son souffle est devenu plus régulier, moins oppressé. « Nadia ! » a-t-elle alors murmuré. Cela faisait presque dix jours qu'elle n'avait plus prononcé un seul mot.

La femme aux yeux d'émeraude est alors entrée dans la pièce et s'est approchée du lit. Elle a simplement pris les mains de la fillette dans les siennes en continuant à chanter la merveilleuse berceuse russe. Tandis qu'elle chantait, des larmes roulaient sur ses joues et venaient s'écraser sur le drap.

C'est un chant marin qui m'a permis de partir en Russie avec Maria. C'est une autre chanson qui lui sauve la vie. Car je suis persuadée que Maria va s'en sortir désormais. Le Seigneur répond à mes prières en musique ! Loué soit-il !

XXX

Assis à son bureau, l'inspecteur Rodlin tente de se souvenir de ce qu'il a pu lire au sujet du tsar Alexandre Ier. Si quelque chose a effectivement été écrit dans les journaux récemment, il est presque certain qu'il réussira à remettre la main dessus. Le policier est réputé pour sa mémoire sans faille et pour la minutie avec laquelle il lit les journaux chaque jour. Il passe ainsi au peigne fin la moindre information, la gardant dans un coin de sa tête dans l'hypothèse où elle pourrait lui servir un jour.

Le policier crayonne rêveusement sur le petit carnet qui ne le quitte jamais, lorsque l'un de ses collègues frappe à la porte de son bureau.

– Pardon Rodlin, vous n'auriez pas pris les notes sur l'affaire des Bizon ?

L'affaire en question occupe les services de police depuis plusieurs jours. Un couple fortuné a été dévalisé et personne n'a la moindre piste.

– Non, répond Rodlin.

– C'est bizarre. Personne ne les a. Le dossier est vide.

– Vide ?

– Vide ! répète le policier en refermant la porte.

Rodlin se renfonce dans son fauteuil lorsqu'un détail lui saute aux yeux. « Vide ! » a dit son collègue. N'est-ce pas justement le titre d'un article qu'il a lu il y a quelques jours de cela ?

Sans attendre, l'inspecteur réajuste sur son nez ses petites lunettes cerclées de métal et se lève pour fouiller dans le grand meuble où il classe tous ses papiers. En quelques minutes, il retrouve l'article auquel il pensait.

VIDE !

LA TOMBE DU DÉFUNT TSAR ALEXANDRE IER DE RUSSIE A ÉTÉ OUVERTE HIER SUR ORDRE DE L'EMPEREUR ALEXANDRE III. LES QUELQUES RARES OBSERVATEURS PRÉSENTS SUR PLACE ONT TOUS PU CONSTATER LA MÊME CHOSE : LE TOMBEAU ÉTAIT VIDE ! CETTE DÉCOUVERTE RELANCE LA POLÉMIQUE AU SUJET DE LA MORT DU TSAR. SI LE CORPS D'ALEXANDRE IER N'EST PAS DANS SA TOMBE, OÙ EST-IL ?

La lecture de l'article suffit à inquiéter l'inspecteur. Il sait par expérience qu'il n'est jamais bon de réveiller les morts et en particulier les morts prestigieux. Cela déchaîne toujours les passions et les convoitises. Dans quelle nouvelle affaire Émilie Décochet a-t-elle mis le nez ? La jeune fille semble avoir un don particulier pour se retrouver dans des situations compliquées et dangereuses.

Mais pour savoir exactement de quoi il retourne, l'inspecteur a besoin de rencontrer le Russe dont elle lui a parlé. Il en saura certainement plus qu'elle.

XXXI

– Vous êtes folle !

Constance a accepté d'accompagner son amie chez la couturière pour les premiers essayages de sa robe de mariée. Émilie a choisi le modèle qu'elles avaient trouvé toutes les deux dans le journal, au château de l'Espérance.

– Vous êtes folle ! répète Constance en souriant.

Émilie vient de lui raconter le petit mensonge qu'elle a servi à Dimitri Rochenkovski dans l'intention de garder quelques jours de plus les mémoires d'Élisabeth d'Espérance.

– Qu'espérez-vous ? l'interroge Constance.

– Je suis persuadée que les écrits d'Élisabeth renferment la solution à toute cette énigme.

– Quelle énigme ?

Émilie lève les yeux au ciel. Par moment il lui semble que Constance fait exprès de ne pas comprendre.

– Celle de la mort du roi Alexandre Ier !

– Vous avez trop d'imagination.

Émilie fait une petite moue boudeuse.

– Il n'empêche, déclare-t-elle après un long silence, cela nous permettra peut-être de sauver Dimitri Rochenkovski. Les deux affaires sont liées. C'est indubitable.

En entendant ce nom, Constance pâlit très légèrement.

– Vous affabulez ! dit-elle pourtant sur un ton moqueur.

Puis, après quelques minutes, elle ajoute timidement :

– Pensez-vous vraiment que cela puisse lui être d'un quelconque secours ?

Émilie a visé juste. Son amie va s'intéresser au sujet elle aussi.

– M'aiderez-vous à relire les mémoires d'Élisabeth ? lui demande-t-elle alors.

Constance soupire.

– Soit ! Si vous y tenez...

Son ton désabusé ne trompe pas son amie. Elle a vu une lueur d'intérêt se rallumer dans les yeux de Constance. Elle sait qu'elle pourra compter sur elle.

Émilie s'arrête soudain. Quelques mètres derrière elle, Eugénie et Ernestine s'immobilisent elles aussi.

– C'est ici ! s'exclame-t-elle.

La maison se dresse tout en hauteur, à quelques pas seulement de la nouvelle basilique de Fourvière. La bâtisse n'est plus très bien entretenue, ce qui a permis à madame Denin la couturière d'y installer un vaste atelier pour un loyer très modique. Les deux jeunes filles et leurs domestiques pénètrent dans le bâtiment et sonnent à la première porte, au rez-de-chaussée. Une petite femme toute ronde et au visage souriant leur ouvre presque immédiatement.

– Mademoiselle Décochet ! Mademoiselle Cerisaie ! s'exclame-t-elle. Je réalisais justement quelques retouches sur mon patron. J'ai pensé qu'il serait plus seyant que la taille soit plus ajustée. Vous êtes si mince.

Émilie regarde Constance. Si elle a fait venir son amie avec elle, c'est pour profiter de son œil assuré. Elle sait que Constance relèvera immédiatement si quelque chose n'est pas du meilleur goût.

La couturière invite les deux jeunes filles à entrer et à s'approcher d'un mannequin sur lequel elle a épinglé de longs pans de tissu. Eugénie et Ernestine restent en retrait, non loin de la porte d'entrée.

Madame Denin, qui est aussi la couturière de la famille Cerisaie, s'affaire autour du buste en tissu pour repositionner tel ou tel morceau de toile. Ses petits doigts boudinés manient les épingles avec une dextérité extraordinaire. On dirait des papillons s'agitant autour du tissu. Émilie a pourtant du mal à se faire une idée de ce que sera sa robe. La toile utilisée pour le patron est grossière et elle peine à imaginer où se trouveront la dentelle ou le satin. Le sourire de Constance la rassure pourtant. Son amie lui fait signe que le modèle est parfait.

– Voulez-vous bien le passer ? demande la couturière.

– Avec toutes ces épingles ? s'inquiète Émilie.

– Rassurez-vous, vous ne sentirez rien !

Émilie disparaît derrière un paravent pour enfiler le patron de la robe. Eugénie s'est immédiatement précipitée pour lui venir en aide.

Tandis que la jeune fille se glisse dans la robe de toile, quelqu'un frappe à la porte. madame Denin se précipite pour ouvrir. Une femme très simple se tient sur le seuil, une ouvrière sans doute.

– Le sou pour les missions, est-ce ici que je dois le donner ?

La couturière sourit franchement.

– Non c'est à l'étage du dessus !

– Pardon, madame. Merci. Excusez-moi.

La femme s'efface et madame Denin referme soigneusement derrière elle.

– Si j'étais malhonnête, s'exclame-t-elle en riant, je serais très riche !

– Pourquoi dites-vous cela ? lui demande Émilie en sortant de derrière le paravent.

Malgré la grossièreté de la toile, elle est ravissante et la robe taillée pour elle par madame Denin tombe parfaitement. La couturière se presse au-devant d'elle, quelques épingles à la main. Elle veut améliorer le tombé du tissu par endroits.

– Chaque jour il passe plusieurs femmes qui se trompent d'étage et veulent m'apporter leur sou pour les missions, explique-t-elle tout en travaillant. Si je voulais, il me suffirait de tendre la main et de récupérer leur argent plutôt que de les envoyer là-haut.

– Quelle est cette histoire de sou pour les missions ? interroge alors Constance très intéressée.

– Il y a des années que cela dure. L'idée est venue d'une jeune fille de la bourgeoisie lyonnaise. Son frère prêtre était parti en mission. Ne pouvant partir elle aussi, elle a décidé de le soutenir depuis la France en récoltant des fonds pour sa mission. C'était sa façon à elle d'être missionnaire en somme.

Constance ne perd pas une miette de ce que raconte la couturière.

– Voilà, parfait ! dit cette dernière en lissant un pli du plat de la main.

– Et ? la relance Constance.

– Elle a donc créé de petits groupes de dix femmes. Chacune devait donner un sou par semaine pour les missions et inviter dix autres femmes à former un autre groupe.

– Un sou, c'est peu, note Émilie en s'admirant dans la glace.

– Certes mais c'est le maximum que pouvaient donner ces femmes ouvrières. Et puis, si toutes donnent un sou, cela représente des sommes très importantes.

Constance écoute la couturière, fascinée. Comment n'y a-t-elle pas pensé plus tôt ? Voilà qu'elle découvre qu'elle peut œuvrer pour les missions, se consacrer à elles, tout en restant à Lyon, et pourquoi pas en se mariant. Un poids immense semble s'être soudain arraché de sa poitrine.

– Comment s'appelle cette jeune femme ? demande-t-elle, le cœur battant. Je n'ai jamais entendu parler d'elle auparavant.

– Pauline Jaricot, répond la couturière. La pauvre est morte ignorée et rejetée de tous. C'était sa maison ici.

– Alors ? lance Émilie en tournant sur elle-même.

Constance regarde son amie sans la voir vraiment. Elle n'aperçoit qu'un nuage blanc et diaphane.

– C'est tout ce que j'espérais, dit-elle d'une voix rêveuse.

Saint-Pétersbourg, le 30 mai 1804

Le rétablissement de Maria est spectaculaire. La fillette a retrouvé l'appétit et le sourire. Ses retrouvailles avec celle qu'elle surnomme affectueusement Nadia lui ont redonné la santé et, surtout, le goût de vivre.

Depuis qu'elle a de nouveau sa chère tante, Maria ne cesse de parler et d'évoquer ses souvenirs, qu'elle avait enfouis au plus profond d'elle-même pour ne nous faire courir aucun risque. La fillette était très proche de sa tante lorsqu'elle était enfant. Elle passait de longues heures avec elle à chanter et à habiller des poupées avec des chutes de tissu qu'elle récupérait dans le panier de la lingère.

Nadejda Polenkovitch passe plusieurs fois par jour dans la petite boutique où se cache Maria. La fillette est la seule famille qu'il lui reste et elle ne veut surtout pas la voir disparaître de nouveau. Lorsque j'ai évoqué avec elle les précautions qu'elle devait s'efforcer de prendre pour ne pas éveiller les soupçons, elle m'a parlé d'une datcha dont elle dispose à la campagne, loin de Saint-Pétersbourg. Elle pense que ce pourrait être un bon moyen d'éloigner Maria de la cour tout en lui permettant de gagner un peu en liberté. L'idée est séduisante mais je ne suis pas encore prête à laisser partir

Maria. Je voudrais être sûre qu'elle soit parfaitement remise et que l'endroit soit sans danger pour elle.
Alexei Rochenkovski pense que d'ici seulement quelques jours Maria aura recouvré toutes ses forces. Il est très impressionné lui aussi par l'amélioration de son état. Il m'a avoué hier qu'il n'y croyait plus. Alexei Rochenkovski vient toujours régulièrement pour s'enquérir de la santé de la fillette et continuer de la surveiller, me dit-il. La situation étant bien moins grave que ces derniers jours, nous en profitons pour bavarder davantage. Nous osons enfin parler un peu de nous plutôt que de n'évoquer que Maria. Je passe des heures délicieuses en sa compagnie et j'apprends à découvrir encore plus ce pays si fascinant.
Je me languis de plus en plus en son absence. Je n'ai plus la tête à rien. Chaque retrouvaille avec Alexei Rochenkovski est une joie, chaque séparation un déchirement. Je redoute malgré moi l'instant où Maria sera totalement rétablie. Son médecin n'aura plus besoin de la voir.

Saint-Pétersbourg, le 2 juin 1804

L'empereur, qui s'était absenté quelques jours, est de retour. Je l'ai revu ce matin dans notre petite chapelle et nous avons pu reprendre nos longues conversations.
Je lui ai trouvé l'air très abattu, plus que de coutume. Lorsque je m'en suis inquiétée, il m'a avoué qu'il dormait de plus en plus mal. Sa culpabilité le ronge toujours et il ne parvient pas à s'en défaire. Même la confession ne semble pas lui apporter le réconfort qu'il escompte. Il me parle de nouveau de disparaître et de consacrer sa vie à la prière pour expier son péché.
En l'écoutant parler, je me suis souvenue d'une réflexion de mon amie Gabrielle lorsqu'elle avait essayé pour la première fois la robe d'une iroquoise. La peau du vêtement lui avait paru rugueuse et désagréable. Mais Gabrielle n'était pas du genre à se plaindre. Mieux encore, elle aimait voir chaque chose avec un regard plein d'espérance et de joie. Aussi, dès que le tissu la grattait, elle y voyait un moyen de se souvenir que son péché blessait le cœur de Jésus comme le tissu grossier agressait sa peau. Alors, à chaque fois, elle rendait grâce au Seigneur de l'aimer malgré son péché et cet amour immense savait la réconforter mieux que toute autre chose. Il faut que je trouve un moyen pour que le tsar se sente aimé comme Gabrielle, lui aussi. Ainsi sa faute lui paraîtra moins

lourde à porter et il se sortira de ses idées noires. Dois-je lui suggérer d'essayer une tenue iroquoise pour s'en convaincre ? Je doute qu'il me croie encore saine d'esprit après cela !

XXXII

Dimitri Rochenkovski est d'une humeur massacrante. Après une bonne nuit de sommeil, il a retrouvé toute son énergie et il n'a aucunement l'intention d'être freiné dans ses projets par une jeune fille lyonnaise et un vieux monsieur historien. Ne leur en déplaise, il va récupérer les mémoires de son arrière-grand-mère et retourner en Russie. Il en va de sa propre vie et peut-être de celle de toute sa famille. Il n'est pas question qu'il perde du temps. Qui sait où s'arrêtera la folie de Vladimir Gorovitch ?

Quand il se présente chez les Décochet, il est bien décidé à demander à Émilie l'adresse où se trouve l'ouvrage de son aïeule pour aller le reprendre. Mais la domestique qui lui ouvre est désolée. Madame Décochet s'est absentée pour la journée. Quant à sa fille, elle est partie avec mademoiselle Cerisaie pour des essayages de robe de mariée. À chaque fois qu'il entend le mot « mariage », Dimitri a le sentiment qu'on lui donne un nouveau coup de poignard dans le cœur, mais, cette fois-ci, plutôt que de l'abattre cela ne fait que redoubler sa colère. Tout écumant de rage, il sort de la maison des Décochet d'un pas nerveux et bouscule assez violemment l'homme qui s'apprêtait à s'annoncer à la porte après lui.

– Oh là ! crie l'inspecteur Rodlin.

– Pardonnez-moi, marmonne Dimitri en lui jetant un regard mauvais.

– Vous auriez pu me renverser, insiste le policier en dévisageant le jeune homme.

L'inspecteur ne peut s'empêcher de surveiller d'un œil les fréquentations des Décochet. Émilie et sa mère ont déjà été importunées par plusieurs hommes malintentionnés ou dangereux et il s'est promis que cela ne recommencerait pas.

– Puis-je vous demander pourquoi vous sortez si précipitamment de chez madame Décochet ?

Dimitri s'immobilise, sidéré par le sans-gêne de son interlocuteur.

– Mais... Je... s'embrouille-t-il.

– Inspecteur Rodlin, se présente le policier avec froideur.

Le jeune Russe pâlit imperceptiblement. Sa confiance en la police est totalement érodée ces temps-ci. Il se sent soudain traqué de toute part.

– Vous êtes ? lui demande l'inspecteur.

– Dimi... Paul Girardin, ment-il en se souvenant du nom de l'une des rues qu'il a empruntées pour venir ici.

Rodlin sourit en entendant la fausse identité. On ne le trompe pas si facilement. Mais au lieu de laisser son interlocuteur s'enfoncer dans son mensonge, il préfère jouer la franchise.

– Monsieur Rochenkovski, je présume, dit-il en souriant franchement.

Dimitri sursaute et regarde autour de lui avec une appréhension grandissante. L'inspecteur le rassure immédiatement.

– Je n'ai rien contre vous, monsieur, lui dit-il. J'ai simplement supposé qui vous étiez car mademoiselle Décochet m'a parlé de vous.

Dimitri recule d'un pas. Il jette un œil vers la voiture qui l'a accompagné ici et dans laquelle Piotr l'attend. En réagissant rapidement, il peut encore s'échapper. Mais Rodlin ne lui en laisse pas le temps.

– Mademoiselle Décochet s'inquiète pour vous, explique-t-il. Elle voudrait vous aider.

Dimitri sourit amèrement. Si seulement mademoiselle Cerisaie pouvait elle aussi se préoccuper de son sort.

– M'aider ? demande-t-il.

L'inspecteur Rodlin redescend les quelques marches du perron : il reviendra plus tard. L'occasion de discuter avec le jeune Russe est trop belle. Il ne veut pas la laisser passer. C'est plus fort que lui. Dès lors qu'il voit surgir un peu de mystère, il ne peut s'empêcher de s'y intéresser.

– Auriez-vous quelques minutes à m'accorder ? demande-t-il à Dimitri.

Celui-ci le regarde en essayant de découvrir quelles sont ses intentions. Peut-il faire confiance à cet homme ?

– Je... hésite-t-il.

L'inspecteur Rodlin étudie avec attention le visage du jeune homme devant lui. Malgré la colère qui animait ses traits il y a quelques minutes, il lui paraît aux aguets et inquiet. Le policier décide alors de jouer le dédain. Si Dimitri ne maîtrise pas la situation, il ne devrait pas laisser l'inspecteur partir sans réagir.

– Laissez tomber, s'excuse Rodlin. Je ne voulais pas vous importuner avec cela.

Il fait mine de remonter le perron pour sonner à la porte. Dimitri hésite deux secondes puis l'arrête.

– Il n'y a personne, annonce-t-il. J'ai demandé à rencontrer madame Décochet ou sa fille mais elles sont absentes.

– Aah !

– Si vous veniez dans ma voiture ? invite alors Dimitri. Mon domestique m'y attend. Il doit s'inquiéter.

L'inspecteur se retient de sourire et emboîte le pas au jeune homme. À peine sont-ils assis dans la voiture que Dimitri se lance :

– J'ai repéré un membre de l'Okhrana sur mes traces, dit-il sans préambule. Il a même essayé de me tuer, il y a quelques jours à Paris.

Rodlin blêmit. Parmi toutes les polices, celle de l'Okhrana a mauvaise réputation. On la dit intraitable.

– En êtes-vous sûr ?

– Il n'est malheureusement pas le premier agent du tsar chargé de me surveiller. Depuis des mois ma famille et moi-même faisons l'objet d'une enquête discrète mais non moins extrêmement sérieuse.

– Que vous reproche-t-on ?

– À nous, sans doute rien. Mais mon courageux grand-père qui fut déporté en Sibérie les dérange.

L'inspecteur Rodlin sort son petit carnet de sa poche et le montre à Dimitri.

– Me permettez-vous que je prenne quelques notes ? Un vieux réflexe de policier…

Dimitri hésite puis acquiesce et poursuit :

– Mon grand-père a fréquenté un certain Fiodor Kouzmitch en Sibérie. Or ce Fiodor Kouzmitch est…

– Soupçonné d'être le tsar Alexandre Ier, le coupe l'inspecteur.

Dimitri s'arrête et regarde le policier, très étonné. Ce dernier sourit.

– Je constate que vous ne connaissez pas bien mademoiselle Décochet. Votre histoire la passionne. Elle m'a raconté ce qu'elle savait dans les moindres détails et je sais déjà beaucoup de choses sur ce Fiodor Kouzmitch.

– J'irai donc droit au but, reprend Dimitri. Durant plusieurs mois la famille impériale a cherché à effacer les traces et les preuves de l'existence et de l'identité de ce Fiodor Kouzmitch. Elle a envoyé des policiers derrière tous ceux qui pouvaient détenir quelque chose. À cause de mon grand-père, nous étions au rang des suspects.

– Avez-vous les preuves qu'ils recherchent ?

– Non. Mon aïeul n'a rien laissé derrière lui en mourant. Pas un journal, ni même une lettre. Nous le leur avons dit et redit. Ils ont même fouillé la maison en notre absence.

– Eh bien alors ?

Dimitri sourit et réplique :

– Vous êtes policier… Vous savez mieux que moi qu'il n'est pas facile d'abandonner la piste d'un suspect.

L'inspecteur Rodlin sourit à son tour. Tant qu'il n'a pas obtenu les preuves contraires à ce qu'il soupçonne, il ne lâche pas une affaire en effet.

– C'est sans fin alors, admet-il.

– À moins que la famille royale n'abandonne elle-même les poursuites.

Rodlin écoute avec un intérêt redoublé.

– La montée de la ferveur populaire à l'égard de ce Fiodor Kouzmitch est devenue gênante pour l'empereur, analyse Dimitri. S'il veut faire plaisir à ses sujets, il doit reconnaître l'existence de cet homme que tous révèrent comme un saint. Et renoncer à vouloir effacer ses traces.

– Et si Kouzmitch avait eu un fils illégitime ? interroge Rodlin.

– J'en doute. Et même si c'était le cas, je suis persuadé que, pour le coup, il n'en existe plus aucune preuve.

– La famille royale n'a donc plus rien à craindre.

– Elle a rappelé tous les policiers il y a de cela plusieurs semaines.

– Mais alors pourquoi vous suit-on toujours ?

– Après mon agression à Paris, je me suis renseigné : Vladimir Gorovitch – l'agent dont je vous ai parlé – a refusé d'obéir aux ordres de ses supérieurs. Il poursuit son enquête seul. Dans sa folie, il s'est probablement persuadé que j'avais les preuves suffisantes pour renverser le pouvoir existant.

– Mais il n'en est rien ! s'indigne Rodlin.

– Cet homme est fou. Il refuse d'admettre la réalité.

L'inspecteur Rodlin se tait et réfléchit en silence. Un détail le dérange néanmoins.

– Pourquoi êtes-vous venu à Lyon ? demande-t-il finalement.

Le regard de Dimitri se trouble un instant. En réalité, il y a deux raisons à sa présence ici, mais une seule intéresse le policier français.

– Je viens récupérer les mémoires de mon arrière-grand-mère, Élisabeth d'Espérance.

– Mais qu'ont-ils à voir là-dedans ? Et pourquoi courir le risque de venir ici ? Si Vladimir Gorovitch est un membre de l'Okhrana, il ne négligera aucune piste pour vous retrouver. Il est très possible qu'il arrive ici bientôt. À moins même qu'il n'y soit déjà.

Dimitri frissonne à cette idée.

– Je ne l'ignore pas en effet. Seulement, je crains que ces mémoires ne contiennent quelques informations qui risqueraient de conforter Vladimir Gorovitch dans son idée de complot contre la famille impériale. Mon arrière-grand-mère répète plusieurs fois dans ses écrits que le tsar voulait disparaître. Voici sans doute une preuve suffisante et bien embarrassante.

L'inspecteur Rodlin hoche la tête en réfléchissant.

– Je vous conseille plutôt de retourner dans votre pays et de demander la protection de l'Okhrana contre la folie de son agent. Ses membres sont les mieux formés pour vous protéger contre l'un des leurs.

Dimitri hoche la tête.

– Vous avez raison mais auparavant je veux récupérer les mémoires de mon aïeule. S'ils devaient constituer une preuve préjudiciable à ma famille, je préfère les faire disparaître.

XXXIII

– J'arrive !

Sœur Cécile ouvre les lourds verrous de la porte de l'orphelinat avec précipitation. La personne qui frappe à l'entrée s'acharne sur le butoir avec impatience.

– J'arrive ! répète la jeune religieuse dans l'espoir de calmer le visiteur.

À cette heure-là, tous les enfants sont en classe et sœur Cécile en profite pour ranger les pièces de l'accueil. Absorbée dans ses tâches ménagères, elle n'a pas entendu frapper tout de suite.

– Pardonnez-moi, s'excuse-t-elle en ouvrant enfin la porte.

L'homme qui est sur le pas de la porte pose un pied à l'intérieur pour empêcher la sœur de refermer.

– Où est-il ? tonne-t-il sans même prendre le temps de se présenter.

Sœur Cécile recule de surprise.

– Monsieur ! s'exclame-t-elle.

– Où est-il ?

La jeune religieuse se redresse avec courage pour demander :

– Qui êtes-vous s'il vous plaît ?

Vladimir Gorovitch ne daigne pas répondre. Il écarte la religieuse de son chemin et entre dans le château.

– Dimitri Rochenkovski ! Où est-il ? répète-t-il d'une voix sourde.

Sœur Cécile est terrorisée. Les yeux de cet homme lui font peur. Ils brillent étrangement comme ceux de quelqu'un qui a une très forte fièvre.

– Où est-il ?

Vladimir Gorovitch s'avance, menaçant. Sœur Cécile lance autour d'elle des regards apeurés. Personne n'est là.

– Il… Il est parti, bredouille-t-elle, toute tremblante.

– Où cela ? reprend Vladimir avec rage.

– Je l'ignore, répond sœur Cécile, un sanglot dans la voix.

Le policier saisit la petite religieuse par le bras et la secoue sans ménagement. Il sait que personne ne lui viendra en aide. Il a repéré que tout le monde est occupé dans l'orphelinat à cette heure-ci.

– Il vous a bien laissé une adresse ou dit où il allait ?

Sœur Cécile pleure doucement maintenant. Cet homme lui fait mal. Elle secoue la tête impuissante.

– Non, je vous promets, murmure-t-elle d'une toute petite voix.

– Tu mens ! hurle alors Gorovitch en brandissant le poing pour la frapper et la contraindre à parler.

Sœur Cécile lève son bras libre devant son visage pour se protéger.

– Nooooon ! hurle-t-elle.

La porte de l'entrée s'ouvre alors violemment.

– C'ilou !

Le père Pierrot entre comme une furie dans la pièce, sa pelle-bêche à la main.

– Je vous interdis de toucher à C'ilou ! prévient-il en menaçant le Russe, qui a lâché prise sous le coup de la surprise.

Le facteur, qui aidait au potager de l'orphelinat, a accouru après avoir vu son étrange locataire se diriger d'un pas furieux vers l'entrée du château. Depuis quelques jours il lui trouvait l'air de plus en plus étrange et le surveillait du coin de l'œil. Son instinct ne l'avait pas trompé : ce Russe tramait un mauvais coup, mais le père Pierrot ne s'imaginait pas un seul instant qu'il s'en prendrait à sa chère sœur Cécile.

– Partez ! ordonne-t-il la voix vibrante de colère.

Vladimir regarde le facteur qui lui fait face avec sa pelle à la main. Il sourit d'un air mauvais. Il en a vu d'autres et ce n'est pas un vieillard qui va l'intimider. Il rattrape sœur Cécile par l'épaule, pointe son long couteau sur sa gorge et ricane :

– Pas avant que cette petite dame ne m'ait dit ce que je veux savoir !

La réaction du père Pierrot est fulgurante. Mobilisant toutes ses pauvres forces, il serre le manche de la pelle et assène un formidable coup sur le crâne du policier de l'Okhrana. Vladimir Gorovitch n'a rien vu venir. Il lâche un petit cri de surprise et s'effondre sans connaissance aux pieds de sœur Cécile toute tremblante.

Saint-Pétersbourg, le 4 juin 1804

J'ai entrepris de broder le Sacré Cœur de Jésus sur un morceau de toile de jute découpé en forme de médaille. Si j'ose, je l'offrirai au tsar en lui proposant de le porter toujours sous son habit et je lui raconterai l'histoire de Gabrielle. Ce sera sa tenue d'iroquois ! Un petit moyen tout simple et discret de se souvenir de l'amour de Dieu pour lui. J'espère que cela pourra apaiser un peu son âme. Je n'ai pas vu ici de représentations du Sacré Cœur de Jésus brûlant d'amour pour nous. Je me suis renseignée. Ce n'est pas une dévotion que les orthodoxes pratiquent. Mes parents nous l'ont apprise, à Charlotte et à moi. Papa aimait nous répéter les mots du Christ à Marguerite Marie Alacoque, à laquelle il apparaissait : « Mon divin cœur est passionné d'amour pour les hommes, et pour toi en particulier. » Ces mots me semblent tout à fait appropriés pour le tsar. Puisse-t-il accepter mon geste comme une preuve d'amitié et non comme un affront.

Saint-Pétersbourg, le 6 juin 1804

Maria est partie ! Elle a quitté Saint-Pétersbourg ce matin pour la maison de campagne de Nadejda Polenkovitch. J'avais le cœur serré en la voyant monter dans la voiture de sa tante, même si je sais qu'elle sera plus heureuse là-bas. Je souhaite de tout mon cœur qu'elle puisse y avoir une vie plus facile qu'ici et qu'un jour elle puisse retrouver ses parents.

Nous avons pris mille précautions et Nadejda Polenkovitch m'a assuré qu'elle n'était pas suivie. Les premiers temps, juste après la disparition de son frère, elle avait sans cesse un homme à ses trousses pour épier le moindre de ses faits et gestes. Puis les mois avaient passé et les hommes de l'impératrice douairière avaient étendu leurs recherches. Ils étaient partis à l'étranger et leur surveillance à son égard s'était relâchée. Toutefois, la tante de Maria m'a garanti que la fillette ne sortirait pas de sa maison de campagne avant plusieurs jours pour ne pas prendre de risques inutiles. Elle espère que d'ici peu la vérité sur son frère sera rétablie et que l'enfant pourra alors retourner à une vie normale.

Rétablir la vérité... Cette tâche m'incombe désormais, mais je redoute de devoir affronter le tsar. Lui seul en effet est en mesure de faire la lumière sur ce qui s'est réellement passé ce soir-là.

Maître Boieldieu était furieux en apprenant le départ de la fillette. J'ai dû lui mentir en prétextant des problèmes graves de santé qui nécessitaient le grand air. Heureusement Alexei Rochenkovski m'avait rédigé un courrier pour témoigner de l'état de santé de sa patiente. Je ne lui avais rien demandé et il l'a fait spontanément. C'est étrange de penser que cet homme, à qui je n'ai rien dit de la situation de Maria, a compris de lui-même la nécessité de préserver le mystère autour de la fillette.

Maria étant entre de bonnes mains, je me sens soudain désœuvrée. Que va-t-il se passer maintenant ? Quand vais-je rentrer en France ? Maître Boieldieu aura peut-être encore besoin de moi, mais j'ignore combien de temps encore il est appelé à rester à la cour. Ai-je envie de rester ici longtemps ? Aurai-je le courage d'être éloignée d'Alexei Rochenkovski ? Mon cœur me dit que non. Ma tête me rappelle que je ne sais rien de ses sentiments...

XXXIV

Dimitri éprouve une sorte de soulagement. D'avoir ainsi pu se confier à l'inspecteur Rodlin lui a permis d'y voir plus clair. Il sait désormais qu'il doit détruire tout ce qui pourrait intéresser Vladimir Gorovitch et le conforter dans sa folie. Ensuite, il retournera en Russie, en cachette, afin d'y retrouver ses parents et de solliciter la protection de la police du tsar.

Piotr, assis en face de lui, regarde son maître avec un sentiment mêlé d'inquiétude et de respect. Il admire son sang-froid face au danger mais ne peut s'empêcher d'envisager tous les risques qu'il court en demandant de l'aide à l'Okhrana. Cette police est si imprévisible !

– Que dirais-tu de voyager encore un peu ? lui demande soudain Dimitri.

Piotr l'interroge du regard. Dimitri rit malgré le sérieux de la situation.

– Je t'avais promis un voyage en France et voilà que tu n'as découvert que les rues de La Rochelle !

Piotr baisse la tête, un peu gêné. Il est vrai qu'il avait rêvé mieux.

– Si nous rentrons tous les deux en Russie, c'est trop dangereux.

Piotr se redresse.

– Il est préférable que tu reviennes plus tard. Lorsque tout cela sera fini.

– Mais…

– Tttt ! Tttt ! Ne discute pas, mon ami. Je pense que ces quelques jours fort désagréables t'ont donné le droit à un peu de vacances. Je veux…

– Non !

– Je veux que tu poursuives ton voyage en France, enchaîne Dimitri d'un ton ferme. Va visiter Paris, Nice, Reims pour moi. Commence même par Lyon, tiens ! Tu me raconteras.

– Je ne…

– Je le veux ! Je te donnerai de quoi vivre et voyager pendant six mois.

– Vous allez avoir besoin de moi, rétorque Piotr.

– Tu me manqueras, c'est certain, mais si tout se passe comme prévu, nous nous retrouverons dans quelques mois.

L'émotion étreint le jeune domestique. Il ne s'attendait pas du tout à cela.

– Tu partiras ce soir, lui indique Dimitri. Tu ne dois pas savoir ce que je fais et quand je quitte la France exactement.

Saint-Pétersbourg, le 10 juin 1804

J'ai croisé ce matin un visage qui m'a fait frémir d'horreur. C'était dans les couloirs du palais. Un homme grand et maigre avec une longue balafre sur la joue droite. Un rire moqueur semblait accroché à ses lèvres. Cette fois-ci, j'en suis certaine, c'est bien là l'un des hommes arrivés à l'Espérance il y a quelques mois. Si j'ai pu confondre une moustache avec une autre, je suis sûre que cette balafre est celle de notre homme. Se peut-il qu'il ait retrouvé notre trace ? Je ne peux plus remettre à plus tard mon entrevue avec le tsar sous prétexte d'avoir peur de l'affronter et de vouloir vivre normalement quelques jours seulement. Car la vie a pris pour moi un tournant tout nouveau ces derniers jours. Alexei Rochenkovski a cherché à me revoir encore malgré la guérison et le départ de Maria. Il n'est plus maintenant le médecin de ma petite protégée mais bien un ami et plus encore si j'écoute mon cœur. Je goûte à cette nouvelle complicité avec un infini bonheur. Elle n'a rien à voir avec celle que je partage avec Paulin ou même avec le tsar. Paulin est un ami, sans doute mon meilleur ami, mais j'ai du mal à le considérer autrement que comme le jeune garçon dont j'avais fait la connaissance à bord du *Généreux*. J'ai l'impression que je dois encore le protéger, lui apprendre mille choses quand bien même il est devenu un homme et se marie même. Cassandre et lui ont en

effet décidé de rendre public leur amour et de se marier. Quelle joie j'éprouve pour eux !
Le tsar quant à lui est un ami également, si tant est que j'ose employer un tel nom pour une personne de son rang. Nous abordons sans gêne des sujets graves, et même intimes parfois, sans doute parce que nous nous voyons l'un et l'autre comme un confident auquel nous pouvons dire nos états d'âme sans crainte d'être montré du doigt ou jugé. Le tsar a besoin d'un cœur près duquel s'épancher sans craindre que l'on ne tire profit de ses dires. J'ai été là quand il en a eu besoin et je le serai encore. Je lui suis infiniment reconnaissante de la confiance qu'il me fait.
Avec Alexei Rochenkovski, les choses sont très différentes. Nos esprits s'accordent sans effort et nous partageons les mêmes avis sur de très nombreuses choses. Mais cela va bien au-delà. Tout ce qu'il est me rassure. Je me sens étrangement bien à ses côtés. Je recherche sa présence. Je me languis en son absence. J'ai l'impression de ne plus être tout à fait moi lorsqu'il n'est plus là.

Mon angoisse qui a ressurgi en croisant le sinistre personnage de ce matin n'a pas échappé à Alexei. Il a immédiatement su que quelque chose n'allait pas. Pour la première fois alors, je lui ai tout raconté à propos de Maria. Il se doutait que la petite était au cœur d'un secret d'importance. Il ignorait totalement lequel mais il était persuadé que j'avais mes raisons pour agir ainsi que je l'avais fait et il les respectait. Lorsque je lui ai parlé de cet homme à la balafre, il lui a semblé à lui aussi qu'il n'existait qu'une solution à tous les problèmes de Maria : le tsar lui-même. Il est le seul à pouvoir me dire si le père de Maria, Vadim Polenkovitch, est coupable ou pas de ce dont on l'accuse. C'est à moi désormais d'avoir le courage d'aborder le sujet avec lui. Le sort de Maria en dépend.

Saint-Pétersbourg, le 11 juin 1804

La situation ne supportait pas le moindre ajournement, j'ai donc parlé au tsar ce matin. Je redoutais cet instant entre tous même si je savais qu'il serait libérateur. Depuis que je suis ici, je cache l'identité de Maria à mon ami. Je ne me sentais pas coupable car j'étais intimement persuadée de l'innocence de son père, mais je préfère la vérité. Maintenant que je la connais, je sais que j'ai bien fait. Je regrette seulement de ne pas avoir eu le courage de poser la question à l'empereur plus tôt. Cela aurait évité à Maria de tomber malade. Mais je n'aurais pas rencontré Alexei...

Le père de Maria était bien au palais le soir de l'assassinat de Paul Ier. Il y était venu pour tenter de convaincre une dernière fois Alexandre de ne pas agir par la force avec son père. Vadim Polenkovitch était persuadé que si Alexandre prenait le temps de parler à son père il parviendrait à lui faire entendre raison et à le pousser à capituler. Alexandre ne l'a pas écouté. Vadim Polenkovitch était à peine sorti de son bureau que le futur tsar donnait l'ordre d'aller arrêter son père.
Quand l'assassinat a eu lieu, Vadim Polenkovitch n'avait pas encore quitté le palais et certains ont dit l'avoir vu partir juste après le drame. Le père de Maria a eu beau se défendre et nier avoir

participé au crime, personne ne l'a cru. Le seul qui aurait pu témoigner en sa faveur et l'innocenter tout à fait était Alexandre. Mais submergé par le chagrin et la culpabilité, le nouveau tsar n'a pas pris sa défense. Reconnaître que Vadim Polenkovitch était venu le dissuader d'agir revenait à admettre encore plus sa propre responsabilité. Le père de Maria avait donc été mis sur la liste des hommes que l'impératrice douairière cherchait à éliminer.

L'aveu du tsar a été douloureux et j'ai vu mon ami lutter contre le sentiment de honte qui l'envahissait en parlant. Mais au bout du compte, cet aveu a été libérateur pour lui aussi. Rétablir la vérité, et redonner au père de Maria la liberté de revenir dans son pays et de reprendre une vie normale, lui a permis de ne pas porter sur ses épaules un acte coupable de plus. Il m'a promis de veiller à ce que Vadim Polenkovitch et toute sa famille soient réhabilités.

À la fin de notre entretien, j'ai osé lui remettre le Sacré Cœur que je lui ai brodé. Il l'a pris avec un immense respect et m'a promis de le porter sur lui, toujours.

Saint-Pétersbourg, le 25 juin 1804

Le tsar a tenu sa promesse. Je savais qu'il le ferait car il est mon ami mais j'ai la preuve désormais que Maria aura une vie heureuse. J'ai reçu ce matin une lettre de Nadejda Polenkovitch. Les nouvelles qu'elle me donne sont excellentes.

Il y a dix jours, un officier du tsar s'est présenté chez elle sans s'être fait annoncer. La pauvre jeune femme a eu extrêmement peur : elle a cru un instant que cet homme venait chercher Maria. Il n'en était rien. Il était envoyé par la cour impériale pour lui remettre deux lettres. La première était officielle et signée de la main du tsar lui-même et de sa mère. Elle reconnaissait l'innocence de Vadim Polenkovitch, le père de Maria, et la fin de toute poursuite à son endroit. La seconde était adressée à Vadim lui-même. Alexandre Ier avait tenu à lui écrire pour lui demander pardon de n'avoir pas eu le courage de réagir plus tôt.

Dès que Nadejda Polenkovitch avait été certaine que son frère ne craignait plus rien, elle avait fait paraître une petite annonce dans un journal russe que l'on trouve un peu partout en Europe. Avant sa fuite, elle avait convenu avec son frère qu'elle lui ferait ainsi savoir qu'il pouvait revenir. La jeune femme ignore encore si le père de Maria a bien reçu ce petit message. Par précaution, elle le fait paraître chaque jour depuis plus d'une semaine. Reste à attendre.

Maria a retrouvé sa joie de vivre, m'écrit-elle également. Elle attend fébrilement le retour de ses parents. Je prie le Ciel aujourd'hui pour que son attente ne soit pas trop longue et, surtout, qu'elle ne soit pas déçue.

XXXV

– Êtes-vous bien sûr de ce que vous faites ?

Émilie ne peut détacher son regard des flammes qui commencent à lécher la couverture de cuir. Ses yeux la piquent et larmoient. Elle invoque la fumée mais c'est plutôt la tristesse qui l'étreint qui la fait pleurer. À côté d'elle, Dimitri semble imperturbable.

– Êtes-vous sûr ? répète-t-elle tant qu'il est encore temps de sauver les mémoires d'Élisabeth du feu dévorant.

Le jeune homme hoche la tête.

– Les garder serait trop dangereux pour ma famille et moi.

– Mais si je les conservais, moi ? propose-t-elle.

Le Russe se tourne avec un sourire malheureux.

– Vous ne connaissez pas les agents de l'Okhrana. Une piste n'est jamais perdue pour eux. Vladimir Gorovitch vous a vue au château de l'Espérance. Cela ne m'étonnerait pas qu'il vienne un jour frapper à votre porte pour savoir si nous nous sommes revus.

Émilie frissonne. La veille, l'inspecteur Rodlin était repassé chez elle et lui avait exposé la situation en n'omettant aucun détail.

À quelques semaines du mariage de la jeune fille, il ne voulait pas qu'elle prenne le moindre risque inconsidéré. Le policier avait d'ailleurs tenu à ce que madame Décochet soit présente elle aussi afin qu'elle contraigne sa fille à rendre les mémoires d'Élisabeth à Dimitri lorsqu'il viendrait les chercher. L'inspecteur n'aimait pas trop agir ainsi mais il craignait le caractère aventurier d'Émilie qui l'avait déjà mise dans des situations extrêmement dangereuses. Il ne tenait pas à ce que cela se reproduise.

– Vous partez donc ? demande Émilie tandis que les premières pages s'enflamment déjà.

– Oui. Je dois me mettre à l'abri.

– Et Constance ?

La réflexion lui a échappé. Émilie, qui a vu son amie si soulagée à l'idée d'avoir enfin trouvé la vie à laquelle elle aspire, n'ose imaginer la tristesse que risque de provoquer l'annonce du départ de Dimitri.

Le jeune homme serre les dents tout en gardant les yeux fixés sur le feu.

– Je ne vois pas ce que vous sous-entendez.

Émilie s'étonne de cette froideur soudaine. Il lui avait semblé si sensible au charme de son amie qu'elle ne comprend pas.

– N'avez-vous rien à lui dire ? insiste-t-elle.

Le Russe se tourne vers elle et lui lance un regard glacial.

– Dites-lui que je lui présente tous mes vœux de bonheur.

Le jeune homme n'en dira pas plus. Le feu a terminé de dévorer les mémoires d'Élisabeth. Il est temps de partir pour lui désormais.

Saint-Pétersbourg, le 28 juin 1804

J'ai essayé aujourd'hui pour la première fois la robe de bal qu'Henriette me confectionne presque en cachette depuis des jours. Elle l'a coupée dans une soie couleur crème d'une légèreté sans pareille. Lorsque je lui demande où elle a été chercher un tel tissu, elle prend un air mystérieux que je ne parviens pas à déchiffrer. Je sais qu'elle ne l'a pas trouvé dans les malles des costumières. Une soie de cette qualité ne serait pas restée aussi longtemps non utilisée. Je la soupçonne de l'avoir achetée à mon insu. La bonne nourrice m'est reconnaissante en effet d'avoir sauvé Maria alors même qu'elle la croyait perdue. Cette robe est sa façon à elle de me remercier pour l'enfant. À moins qu'elle ne soit allée voir directement Nadejda Polenkovitch pour lui demander un coupon de tissu. Henriette, qui ne l'aimait pas au début parce qu'elle menaçait sa petite protégée, est devenue ensuite sa plus fidèle alliée. Il est fort probable qu'un jour elle quitte elle aussi la troupe de maître Boieldieu pour rejoindre la fillette à la campagne.

En me glissant dans cette robe, mon émotion était immense car aujourd'hui je sais que ce magnifique vêtement ne sera pas une robe de bal comme les autres. C'est ainsi parée que je remonterai la nef, le jour de mon mariage. Alexei Rochenkovski a demandé hier ma main à l'empereur. Mon père n'étant plus de ce monde, il a tenu

à ce que quelqu'un qui m'était cher lui donne sa bénédiction. Le tsar s'est montré enthousiaste et très ému. « Je vous confie ma confidente », lui a-t-il répondu, solennel.
Maria sera notre demoiselle d'honneur. J'ai appris hier que ses parents étaient rentrés. J'imagine sans peine quelle joie immense elle a éprouvée et quelle émotion aussi. Il est si bon de retrouver ceux que nous aimons. J'espère que Charlotte pourra venir avec Thomas à mon mariage. Je leur ai aussitôt écrit pour le leur demander. Fort gentiment le tsar m'a proposé de leur envoyer un équipage pour aller les chercher jusqu'en France. Ce sera son cadeau de mariage. J'espère simplement que Charlotte trouvera une personne digne de confiance pour la remplacer à l'orphelinat le temps de son absence. Elle y parviendra, c'est certain. Il y a non loin du château quelques petites religieuses, Filles de la Charité, qui se sont installées dernièrement. Pourquoi ne pas leur demander de l'aide ?

XXXVI

L'inspecteur Rodlin regarde sa montre de gousset pour la vingtième fois. Pourvu qu'il ne se soit pas trompé d'horaire !

En se réveillant ce matin, il avait trouvé comme d'habitude le journal posé à côté de son café au lait. La vieille dame qui s'occupe de sa maison et lui fait les repas, le pose immuablement à droite de son bol et du morceau de pain fourré à la confiture qu'elle lui prépare tous les jours.

L'inspecteur avait alors chaussé ses petites lunettes cerclées de métal et entamé sa lecture tout en croquant dans le pain. Cela lui prendrait plusieurs heures et il poursuivrait l'épluchage des articles au bureau afin d'être sûr de ne rien omettre. Il s'apprêtait à boire son café au lait, les yeux rivés sur les feuilles imprimées, lorsqu'un article, en bas d'une colonne, l'avait forcé à réajuster ses binocles pour être sûr d'avoir bien lu. Il s'était alors levé de table sans prendre la peine de terminer son bol, il avait saisi le journal et hélé une voiture à cheval pour se rendre à la gare sans perdre une minute. Depuis, il attend.

Soudain, un homme élancé débouche sur le quai d'un pas pressé. Ses cheveux blonds dissimulés sous un chapeau enfoncé jusqu'aux yeux, Dimitri Rochenkovski est difficilement reconnaissable. Mais l'inspecteur Rodlin a l'œil. Si la silhouette du jeune homme lui est peu familière, il sait reconnaître entre tous un homme qui cherche à se cacher. Dimitri est de ceux-là, le policier se dirige donc sans hésiter vers le Russe.

Au même moment, le chef de gare souffle dans son sifflet. Le train en partance pour Paris s'ébranle. Dimitri presse le pas, court et saute sur le marchepied avant que le train ne prenne trop de vitesse. L'inspecteur Rodlin, que le départ du train prend par surprise, ne peut l'intercepter.

– Le journal ! Lisez le journal ! hurle-t-il en tentant de rattraper le train qui s'éloigne inexorablement.

Alerté par les cris, le jeune Russe tourne la tête juste avant d'entrer dans le wagon et aperçoit le policier qui court après le train. Celui-ci agite son journal en lui faisant de grands signes.

– Le journal ! Le journal !

Le cri de l'inspecteur Rodlin se perd dans le bruit des jets de vapeur et des grincements de roues. Dimitri lui fait un timide signe de la main et disparaît à l'intérieur.

Près d'une heure plus tard, alors que le train traverse la campagne à pleine vitesse, Dimitri se penche vers son voisin. L'homme que le roulement du wagon berce doucement est en train de s'endormir.

– Pardonnez-moi, monsieur, dit Dimitri. Accepteriez-vous de me prêter votre journal ?

L'homme acquiesce et lui tend aussitôt les feuilles imprimées. Dimitri s'empresse de les parcourir. Il est persuadé que l'inspecteur Rodlin voulait lui dire quelque chose d'important. Sinon, pourquoi serait-il venu à la gare ?

Après plusieurs pages, le Russe découvre enfin l'article qui a fait écourter son petit déjeuner au policier.

FAIT DIVERS

IL Y A CINQ JOURS, UN HOMME RUSSE A TENTÉ D'AGRESSER UNE PETITE RELIGIEUSE DE L'ORPHELINAT DE L'ESPÉRANCE, NON LOIN DE LA ROCHELLE. UN VIEUX FACTEUR ARRIVÉ À TEMPS A FORT HEUREUSEMENT RÉUSSI À LE NEUTRALISER D'UN VIOLENT COUP DE PELLE. GRAVEMENT TOUCHÉ À LA TÊTE, L'HOMME EST DÉCÉDÉ HIER APRÈS-MIDI, APRÈS QUATRE JOURS D'AGONIE. IL ÉTAIT UN POLICIER DE L'OKHRANA, LA POLICE SECRÈTE DU TSAR. CETTE DERNIÈRE A FAIT SAVOIR QU'ELLE NE POURSUIVRAIT PAS LE FACTEUR. L'HOMME AVAIT DÉSERTÉ LES SERVICES DE LA POLICE DEPUIS QUELQUE TEMPS ET SEMBLAIT AVOIR PERDU LA RAISON.

XXXVII

Quelqu'un frappe discrètement à la porte. Milana Rochenkovski relève la tête de son ouvrage et s'agace. Elle déteste que l'on vienne la déranger après le souper. C'est l'heure où elle se repose.

– Oui ! lance-t-elle sèchement.

La domestique qui pousse la porte est très gênée. Elle sait que sa maîtresse n'accepte pas de visite à cette heure-là. Mais cette fois-ci, c'est tout à fait particulier.

– Qu'est-ce que c'est ? demande Milana en foudroyant sa domestique du regard.

– C'est monsieur Dimitri Vassilovitch, bégaye la pauvre femme en rougissant.

Milana pâlit subitement. Dimitri !

– Dimitri ! répète-t-elle d'une voix éteinte.

Son fils ! Que lui est-il arrivé ? Elle n'a plus de nouvelles depuis des jours. Est-il mort ?

Milana Rochenkovski pose la main sur son cœur pour l'empêcher de cogner trop fort dans sa poitrine. Depuis le début elle savait que ce voyage n'était pas une bonne idée. Elle aurait dû empêcher son fils de partir.

– Mère !

Le cri de Dimitri rompt le silence de la pièce. Milana ouvre la bouche de stupeur et laisse échapper un petit cri plaintif.

– Oh mon fils !

Dimitri se précipite au-devant de sa mère. Il a mal dormi depuis plusieurs jours et il a l'air fatigué, mais il est en vie. Milana remercie le ciel de lui rendre son fils bien-aimé.

– Oh mon chéri ! dit-elle en lui caressant la joue avec passion. Mon chéri ! Je vous croyais mort.

– Mère !

– Vous auriez dû me donner plus de nouvelles, lui reproche-t-elle.

Dimitri enlace tendrement sa mère.

– J'en ai été empêché croyez-moi, mais maintenant tout va bien.

Le jeune homme s'affaisse dans un fauteuil, fourbu. Le voyage entre Lyon et Saint-Pétersbourg lui a semblé durer une éternité. Malgré la fatigue accumulée, Dimitri ne parvenait pas à trouver le sommeil. Les événements des jours précédents lui revenaient en boucle et le visage de Constance le hantait.

– Racontez-moi, le presse Milana Rochenkovski. Je veux tout savoir.

Dimitri rêve d'un bain chaud et d'un lit confortable mais il sait que sa mère ne le laissera pas tranquille tant qu'il ne lui aura pas tout rapporté dans les moindres détails. Alors, de bonne grâce, il entame le récit de ses aventures. Il omet cependant d'évoquer

Constance et son regard si limpide. À quoi bon s'accrocher à son souvenir puisque la jeune fille doit se marier sous peu.

Des centaines de questions plus tard, Milana Rochenkovski regarde son fils avec amour. Savoir qu'elle aurait pu le perdre le rend plus précieux encore à ses yeux.

– Vous avez bien fait de détruire ces mémoires, dit-elle enfin. Ils étaient trop dangereux. Je ferai de même avec les seuls souvenirs que nous avons de votre grand-père.

Dimitri se redresse, étonné :

– Il nous a laissé quelque chose ?

– Lui non, pas directement. Mais on nous a renvoyé de Tomsk ses effets personnels. Tout cela tenait dans une boîte minuscule.

– Qu'y a-t-il dans cette boîte ?

– Oh, presque rien. Elle ne contient que ses lunettes et une vieille bible qu'il avait en partant. Quelqu'un y a également glissé une sorte de médaille qu'il avait reçue là-bas. Une drôle de médaille brodée dans un tissu grossier. On aurait dit un cœur brûlant...

– Le cadeau d'Élisabeth au tsar... murmure Dimitri. Ainsi Fiodor Kouzmitch... c'était lui !

XXVIII

Lyon, le 30 mai 1890

Cher Monsieur Rochenkovski,

C'est l'inspecteur Rodlin qui m'a communiqué votre adresse après votre départ. D'après lui et selon un article de journal qu'il m'a montré, vous n'avez plus rien à craindre maintenant. Je m'en réjouis pour vous et pour tous les vôtres.

Lorsque nous vous avons rencontré, vous entamiez à peine votre voyage en France. Peut-être aurez-vous dans l'idée de le reprendre là où vous l'avez laissé ? Si d'aventure vous passiez par Lyon, je me permets de vous inviter à mon mariage. J'épouse en effet le frère de ma meilleure amie, Constance Cerisaie, que vous avez rencontrée également. Théophile et moi nous marions le 28 juillet prochain. Nous étions, lorsque vous êtes venu, en pleins préparatifs. Nous ferez-vous l'honneur de vous joindre à nous ? J'en serais très heureuse

et vous pourriez en profiter pour découvrir notre belle ville un peu mieux. Sa gare et ses hôtels ne sont pas très représentatifs de toutes les richesses qu'elle recèle.
Votre dévouée,

Émilie Décochet

XXXIX

Lyon, le 28 juin 1890

L'église est bondée. Le Tout-Lyon est venu assister au mariage de Théophile Cerisaie et Émilie Décochet. Les rangées de chaises sont occupées par des femmes aux chapeaux emplumés et aux tenues chatoyantes. Chacune a développé des trésors de coquetterie pour être tout à son avantage. Les hommes dans leurs costumes noirs impeccables ont testé pour certains de nouveaux nœuds de cravate qui feront fureur d'ici à quelques mois.

Debout devant l'autel, le jeune abbé Timothée Cerisaie tente de maîtriser le tremblement de ses mains en les serrant l'une contre l'autre. Il célèbre aujourd'hui le mariage de son frère, quelques mois après son ordination. Son émotion est grande et la peur de mal faire le paralyse. Il sait pourtant que, dès lors que la messe aura commencé, il retrouvera toute sa sérénité. Chaque jour il fait cette expérience extraordinaire où il se sent envahi par la force de l'Esprit

Saint juste au commencement de la messe. Alors, il lui semble que ce n'est plus vraiment lui qui parle et qui officie. Il est habité !

Devant lui, Théophile attend sa fiancée qui va arriver dans quelques instants. Il est magnifique dans son costume de militaire soulignant sa silhouette élancée et musclée. Son émotion est immense. Et quand Émilie apparaît enfin au fond de l'église, silhouette blanche et vaporeuse, il sent son cœur battre plus fort dans sa poitrine : cela fait si longtemps qu'il attend ce moment.

Un murmure admiratif parcourt l'assemblée quand elle découvre la jolie mariée. Constance se tourne vers le fond de l'église pour la regarder elle aussi. Le bonheur de son amie la réjouit même si elle ne peut réprimer un petit pincement au cœur. Elle pensait avoir trouvé l'amour à son tour mais elle s'était trompée. La jeune fille laisse aller rêveusement son regard sur l'assemblée en pensant à Dimitri. C'est alors qu'elle l'aperçoit, là, au milieu de la marée de chapeaux. Constance secoue la tête pour se réveiller : voilà qu'elle pense si fort au jeune homme qu'elle le voit partout. Mais quand elle regarde de nouveau l'endroit où elle a cru l'apercevoir, son cœur s'emballe. Non, ce n'est pas un rêve. Dimitri est bien là. Sa chevelure blonde ne peut passer inaperçue. Ses yeux bleus la fixent avec une intensité qui la fait rougir. Alors Constance lui sourit et rien d'autre n'existe plus pour ces deux-là.

Émilie s'avance lentement dans l'allée centrale de l'église. Elle a du mal à retenir les larmes d'émotion qui affleurent ses paupières. Elle serre le bras du frère de sa maman, qui l'accompagne vers son futur époux. En cet instant si émouvant, la belle mariée pense à son père qui n'est plus là. Même s'il se vantait de n'avoir aucune religion, elle est persuadée qu'il serait fier de la voir se marier aujourd'hui, et se marier devant Dieu. Car sa foi toute neuve et profonde la rend heureuse, et rien n'importait plus à monsieur Décochet que le bonheur de sa fille.

Quand Émilie arrive enfin aux côtés de Théophile, le jeune homme la découvre, merveilleuse dans sa robe de dentelle et de satin. Constance avait raison, ce modèle lui va à ravir. L'oncle de la mariée détache alors doucement la main de la jeune fille qui lui broie toujours l'avant-bras et la glisse dans celle de Théophile.

– Je vous la confie, murmure-t-il. C'est à vous de veiller sur elle désormais.

Théophile attrape la main d'Émilie et la presse tendrement. Oui, il prendra soin de sa femme tous les jours de sa vie. Avec la grâce de Dieu !

Du même auteur

Aux éditions Fleurus-Mame

Signé Charlotte

Où es-tu Élisabeth ?

La Confidente du tsar

Les Plus Belles Histoires de la Bible

J'ai reçu Jésus - Mon livre de communion

Questions de vie, le livre de la vie chrétienne des jeunes

Je découvre Dieu, mon premier livre de la foi

Mon baptême, premiers pas dans la foi

Jean-Marie Vianney, le saint curé d'Ars

Mon roman chéri

Une fée peut en cacher une autre

Collection « Les petites fées »

La Passagère du Roy Louis

Au voleur !

L'Énigme d'Akhénaton

Le Mystère Zorba

Aux éditions Larousse

Girl's Book de la cavalière

Mon premier Larousse D'où ça vient ?

Aux éditions Hachette

Le Petit Monde d'Hortense

Aux éditions Gallimard jeunesse
C'est la fête
Soirée pyjama
Jeux de cartes
Collection « Jeux, blagues et Cie »

Aux éditions Lito
100 % jeux pour s'amuser en voiture
100 % questions pour toute la famille
100 % jeux de récré

Aux éditions Bayard jeunesse
230 jeux pour s'amuser tout seul

Aux éditions Plon
FBI et les neuf vies du chat

Achevé d'imprimer en avril 2015 sur rotative numérique Prosper
par Soregraph à Nanterre (Hauts-de-Seine).

Dépôt légal : septembre 2012
N° d'édition : 15178
N° d'impression : 14422

Imprimé en France

L'imprimerie Soregraph est titulaire de la marque
Imprim'vert® depuis 2004.